図書館を学問する

なぜ図書館の本棚はいっぱいにならないのか

SATO Sho
佐藤翔

青弓社

図書館を学問する——なぜ図書館の本棚はいっぱいにならないのか

目次

カバー・表紙・扉イラスト――asumin
装丁――ナカグログラフ［黒瀬章夫］

はじめに——なぜ「図書館を「学問」する」姿を本にするのか

「はじめに」の「はじめに」

日本には現在、三千二百九十二館の図書館（市町村あるいは都道府県が運営するもの）があります。所蔵する図書・雑誌などの資料の数は合計で四億六千万冊以上になります。一年間に貸し出される資料の数は延べ六億三千万冊以上で、一年間に日本で売れた本の合計冊数を上回る数字だといわれています。日本人の五人に一人は年に一回は図書館で本を借りていて、借りないまでも図書館に足を運ぶ人まで含めると、なんらかの方法で図書館を使っている人はかなりの数に上ります。(1) 日本社会で図書館は比較的重要な位置づけにある存在だといえるでしょう。

社会的な関心も高く、図書館がウェブやSNSなどで話題になることもしばしばあります。二〇二二年にオープンした石川県立図書館のように、建築とサービスの両面が肯定的に話題になることがある一方で、あるガラス張りの図書館の開館がニュースで取り上げられると、「紫外線で本が傷む！」「貴重な資料を保存すべき図書館がインスタ映えを意識して大事なことを見失っている！」など、批判の声が殺到することもあります。学校教育は誰でも一家言ある——なぜなら大多数の人が受けた経験をもつため——分野だといわれますが、図書館もそれに近い存在です。使ったことがある人は多く、使ったことがなくても近所にあるため、「使わなかった理由」を語ることができます。あるいは自分で使っていなくても、メディアなどに登場する際のイメージから語ることもできます。これが物理学などのトピックだとなかなかこうはいきません。ラージハドロンコライダー（LHC）について一家言あるとか、大型放射光施設（SPring-8）について熱く議論できる人というのは、あまりいないでしょう。

誰でも考えて語ることができるというのは、図書館が人々にとって身近なものであるということでもあり、いいことなのですが、主観的な印象に基づくイメージでの語りには大きな見過ごしがあることも少なくありません。例えば図書館と聞くとすぐに「資料を保存する」ことを重視する施設だと考える人が多いでしょうが、実際には、図書館資料の多くは長期間の保存を想定しておらず、いずれ捨てられるものです（都道府県立なのか、市町村立なのか、あるいは大学や学校の図書館なのか、などによって事情は異なりますが）。それは当然といえば当然のことで、日本のほとんどの図書館の大きさには限界があるので、新しい本を購入する以上はそのぶんすでに所蔵している本を捨てなければ、本棚がいっぱいになってしまいます。もちろん図書館によっては資料を永続的に保存することを重要な業務として位置づけているところもありますが、すべての図書館がそうというわけではなく、先に例に挙げたガラス張りの図書館として批判されるものの多くは、もっぱらいま資料を使ってもらうために運営されています。そのことを踏まえず印象だけで語っても、あまり意味はありません。

自分一人の経験や印象を超えて、事実／データ／エビデンス（証拠）を踏まえて図書館のことを考えたいと思い、それを実践している人間として、図書館学者あるいは図書館情報学者がいます。そんな学者のうちの一人である自分が、「図書館の本棚はいっぱいにならないのか？」とか、「雨が降ると図書館に来る人は増えるのか？減るのか？」とか、「なぜ図書館は月曜日に閉まっているのか？」といった図書館に関する素朴な疑問に取り組み、答えたり答えられなかったりするさまを示していくのが本書です。図書館学者のそうした姿を発信することで、もちろん直接的に何かの役に立つことができれば幸いですが、すぐには役に立たなかったとしても、本書を読んだ人が図書館について何か考えたくなったときに「そういえば、図書館学者とかいう人がいたな……」と思い出してほしいというのが、本書（あるいは本書のもとになった連載）執筆の、根源的動機です。

図書館情報学小史

「図書館について学校で教える教員」という職業が成立したのは、十九世紀後半のアメリカでした。それまで図書館職員は、もっぱら就職後にオンザジョブトレーニング（ＯＪＴ）の形式で養成されていました。しかし、専門的な職員を養成するためには就職に先立って図書館について学ぶ場が必要だと考えた当時のアメリカの図書館関係者たちが、「図書館学校」を開設しはじめます。それらの図書館学校には当然、授業を担当する教員が必要です。このころの教員は基本的に元図書館員で、勤務経験を通じて得た、あるいは自ら開発した知見を学生に教えていました。現代でいえば専門学校に近い存在でしたので、そうした学校は「図書館学校」と呼ばれていたのです。教えている中身も“Library economy”と称し、学問というよりは実践的な知という位置づけでした(2)。

二十世紀になって、少し違うアプローチで図書館のことを検討しはじめる人々が現れます。図書館について、実践的というよりも「科学的に」扱おうとするのです。これが「図書館学（Library science）」の始まりでした。契機になったのは、一九二〇年代にアメリカ・シカゴ大学に博士課程まである図書館学の大学院が設置されたことです。この大学院では図書館員が普段の業務にあたるうえでの実践的な知識を学ぶだけではなく、図書館の運営に有用な新たな知識を作り出すことを目指しました。そこでは、データに基づいて分析したり、データがないのであればそれを実験・調査を通じて作り出していったりすることで、科学的に、あるいはアカデミックな（学問として通用する）エビデンスを作ろう、ということを試みました。

さらに第二次世界大戦後、さまざまな分野の科学研究が盛んになるにつれて爆発的に増える文献（研究者が発表する論文など）を、機械の手助けを得て探して活用できるように整理・処理したい、という実際的な問題解決を目指す人々が現れます。当時、研究論文はおおよそ十五年ごとに二倍に増える、という指数関数的な増加をみせていて、なんらかのツールの助けなしには人間がその内容を整理・把握できなくなりつつありました。そこで最初はマイクロフィルム技術とその周辺デバイス、のちにはコンピューターによって、文献の検索・閲覧の効率化を図ろうとする試みが拡大していきます。それらに取り組むグループが、長く文献を扱ってきた図書館という場に着目し、「自分たちの開発しているものも図書館の延長です！」と主張しながら参入・合流したことで、図書館学は「図書館情報学（Library and information science）」と呼ばれるようになります。

これらの三つの起源が混然一体としながらも、完全には融合しないまま、現代の図書館学と図書館情報学は成立しています。

例えば、これらの学問に関わるのは次のような人々です。

①図書館学校の時代から続いてきた、図書館で働く専門職員（日本であれば司書）を養成するために、元図書館員を中心にした、実践的な知識を教える教員。
②図書館が直面する課題について助言したり、積極的に提案したりするために、さまざまな手法を使った調査・分析の結果を公表する研究者。
③図書館とはあまり関係なく、対象の文献――あるいはその範囲を拡大して情報一般――について、コンピューターサイエンスではなく具体的な利用の仕方に着目し、情報検索・活用などの研究をする研究者。

これらの三つの分野のいずれに携わる人も図書館情報学者を名乗ることがありますし、一人の研究者が複数の側面をもつこともしばしばです。例えば筆者は、学術的な情報の利活用という③に近いテーマで博士の学位を取得しましたが、市町村や都道府県の図書館に関する②の研究もおこなっていて、実際に図書館に助言することもよくあります。しかし大学では①の教員として、司書資格を取りたい学生のための授業を担当しています。

データや事実、エビデンスに基づいて図書館のことを考える、というのは、このなかでは②に当てはまり、オーソドックスな図書館学に近いスタイルです。図書館という現場での実践に役立つ知見を生み出すために、われわれ図書館学者は日夜いろいろな研究をしています。直接図書館の役に立ちたいし、図書館について世の人々が疑問に思っていることがあるならば答えたい。いや、特に世の人々が答えを求めていなくても、人々が図書館のことを考えるときに無視できないくらい目につくように、社会に向かって主張していたいのです。

本書の狙い：1——かつての駆け出し図書館学者ブログと、いまも続く雑誌連載

そんな動機から筆者はかつて、「かたつむりは電子図書館の夢をみるか」[3]というタイトルのブログを開設し、記事を執筆していました。

もともと図書館で働くことに関心があった筆者は、家計の事情（できるだけ学費が安い国立大学に進学したい）と、できるだけ楽をしたいという生来の怠惰さのために、卒業に必要な単位を取得するだけで図書館で働く司書の資格を取得できる国立大学を探していました。当時、北海道に住んでいた筆者は、なんとなく北から順に国立大学をチェックし、茨城県の筑波大学にこの条件に合致する図書館情報専門学群という進学先があることを発見し、進路を決めました。[4]ちなみに進学後に知りましたが、日本にこの条件を満たす国立大学は筑波大学しかないので、南からチェックしていても行き先は同じでした。

進学当初は将来は図書館で働きたいと思っていたのですが、講義を受けるうちに研究への関心が高まり、一方、図書館での現場実習を経て、一般的な被雇用者としての生活に自分が耐えられそうにないことに気がつきました。そして、卒業後の進路を決める学部三年生のころには、このまま大学院に進んで図書館学者（図書館情報学者）になる、という将来像を描くようになっていました。そんな折に、当時多くの人が開設・運営していたブログコミュニティーのなかで、図書館に関する話題が結構盛り上がっているのを目にして、自分でもブログをやってみようと思ったのでした。

初めは自分の研究に関する小ネタや、読んだ本について書く、ほとんど日記のようなブログでした。そのなかで比較的話題になって多くの人に読まれた記事は、話題になっているトピックについて、学んだばかりの図書館学の知見や調べ物の成果をほんの少し付け加えて、ああでもないこうでもないと論じるものでした。まさに「図書館について語るなら、図書館学のこれまでの積み重ね（エビデンス）や、それに基づいたデータの分析のことも少しは知ってほしい！」という、先に書いたような動機で書いた記事が話題になっていたのです。

当時は世の中でブログが比較的はやっていたことや大学生の発信が珍しかったこともあってか、ブログはそれなりに多くの人に読まれ、ブログを契機に仕事の依頼をもらうこともしばしばありました。のちに大学院を無事に修了して教員として就職できたのも、このブログを運営していたおかげでもあると思っています。

そんな大事なブログでしたが、大学教員として働き始めると更新をしなくなってしまいました。忙しいのももちろんですが、大学院生だったころに比べて教員になると原稿執筆の依頼などが格段に増え、ブログ以外の形態での発信が中心になった、というのがより大きな理由でした。もっとも、依頼原稿の場合にはおおよその書くべきトピックを指定されるので、ブログのように好きなことを好きに発信できるわけではありません。それならブログも書けばいいと思うのですが、どうしても締め切りがあるタスクが優先になるので、締め切りがないブログの更新は後回しになりがちです。

そんな折、雑誌「ライブラリー・リソース・ガイド（LRG）」（アカデミック・リソース・ガイド）から、ブログで書いていたような記事を執筆する連載を受け持たないか、と声をかけてもらいました。渡りに船とお受けし、以来七年にわたり三十回以上、同誌で「かたつむりは電子図書館の夢をみるか（LRG編）」という連載を続けています。その連載のなかからいくつかの記事をピックアップし、ブラッシュアップしたうえで一冊にまとめたのが本書です。

つまり、図書館学者である筆者からの、図書館で働く人々や、図書館のことを考えたい人、あるいはそこまで深いものではなくても図書館に少し関心がある人への、「もしかしたら役に立つ、あるいは役に立たないかもしれないけど面白かったりするかもしれない知識と人間がいるぞ！」という発信、それが本書の第一の性格です。

本書の狙い：2——『新・図書館学序説』

本書のもう一つの狙いは、あえて大言壮語すれば、図書館学の基礎を作り直すことです。かつて図書館学を生み出したシカゴ大学の研究者たちは『図書館学序説』(5)という本を出すことでこの学問のいわばのろしを上げましたが、本書をいってみれば『新・図書館学序説』として位置づけたいと、筆者は考えています。

まだ自分が大学院生だったころ、筑波大学の別の学群（一般的な大学の学部に相当する組織）に所属する友人から、「図書館の研究って何をするの？　本の並べ方でも考えるの？」とややからかう調子で聞かれたことがありました。そのときは、「いやいや、図書館情報学といってもいろいろなテーマがあって……」と、友人の発言を否定するようにして説明したのですが、いまはそれを少し悔やんでいます。「本の並べ方？　もちろんそうだよ！」と返しておけばよかった、と。というのも大学教員になって、自分が最初に研究資金を獲得したテーマは「図書館における本の並べ方を再考する」というものだったのです。

図書館の本をどう並べるのがいちばんいいか（図書館にとっては管理しやすく、使う人にとっては便利か）は、図書館学が学問として成立する以前、図書館員がよりよい図書館運営手法を自主的に検討していた時代から考えられてきた、基本中の基本のテーマです。ただ、初期のそのような検討で、資料のテーマの順番に並べる、そのテーマをなんらかの形式で記号化する（もっぱら数字を使う）ことで並べやすく、探しやすくする、という方式が一般化し普及したため、最近ではあまりそれを専門に研究する人はいませんでした。しかし検索システムや電子書籍の利用が一般化してきた現代に、本の並べ方を決める理由が「探しやすいから」だけでいいのかは、再考の余地があります。探すだけなら、本と本棚にICタグでも仕込めばどんな並べ方であっても検索して見つけることができます。図書館ももっと、独立系書店がやっているような面白いテーマを設定して本を並べる本棚を作ってみてもいいはず……なのですが、多くの独立系書店とは違って、（言っては悪いですが）図書館員一般にはそこまで優れたセンスがあるわけではありません。いや、実際にはセンスがある人もいるとは思いますが、図書館員はちょくちょく異動があるので、センスという属人的な要素に依存して仕事をするのはよくない、という事情があります。そこで、魅力的な本棚を、センスに頼るのではなくマニュアル的に構築する方法を「科学的に」、つまりデータとエビデンスにのっとって確立できると、多くの図書館と利用者にとって役立つでしょう。「テーマ順に並べて探しやすいものにする」という手法を確立して以降、本棚や本の並べ方は研究のなかであまり顧みられてこなかったため、現在の図書館学・図書館情報学の知見では、こうした問題意識に応えることができません。「本の並べ方」「それを考えるうえで参考になる情報（例えば本棚の段によって見やすさにどれくらい差があり、本を手に取るかどうかにどう影響するか）」など、図書館について研究している人がいると聞いたら、誰でも（それこそ門外漢の自分の友人でも）取り組まれていそうだと思いつくようなトピックなのに、案外誰も取り組んでいなかったのです。

実はこういうトピックはほかにもいろいろあります。それなりに長い図書館学の歴史では、あまりにも初期に研究された基礎的な疑問だったせいか、あるいはその疑問にうまく応える手法が確立されていなかったせいか、放っておかれているトピックが無数にあります。本の並べ方はその最たる例ですが、例えば曜日や季節、天候は人が図書館を使うかどうかにどんな影響があるか、ということも意外にわかっていません。しかしこうしたことは、図書館運営を考える／実践していくうえで大いに参考になる情報でもあるはずです。図書館運営にとって有用な知見を、アカデミックに作っていこうというのが『図書館学序説』が始めた「図書館学」の目標であるわけですが、その枠組みのなかでいかにもすでに取り組まれていそうな、基礎的なトピックの見落としが案外多い。「こういう基礎的な部分を研究していこうよ！」「学問的ではありながらも、初歩的疑問・実践的疑問に答えていこうよ！」という宣言でもあるのが、本書第二の性格です。

本書の狙い：3——「フィールド」の学問の七転八倒試行錯誤ぶりを示す

狙い1と2を踏まえると、本書の読者として想定されるのは、以下のような人々です。

①図書館で働いていたり、仕事として関わっていたりする人々。みなさんのお役に立つのがわれわれの仕事です！

②図書館学者、図書館情報学者。狭い業界なのだから直接伝えればいいという話でもありますが、長くなるの

で本にまとめておくほうが伝わりやすいでしょう。

③特に図書館で働いているわけではないが、図書館とそれを取り巻く業界に興味がある人。現場の話や体験談はまったく提供できませんが、そうではないアプローチからみなさんの興味を満たすこともできると思います。アカデミックな方法で取り組みながら、専門的になりすぎない記述を目指しているので、かつての「はてなダイアリー」や、いまも存在する「はてなブックマーク」周辺にいたような人々なら、面白がってもらえるのではないでしょうか。

さらなる狙いとして、④図書館や公共施設、あるいは情報を扱う分野一般に興味がある学生や若者の役にも立てればいい、と考えています。学問の「分野」を表す呼び方には「ディシプリン（discipline）」と「フィールド（field）」という二つの英単語があります。ディシプリンというのは、その分野の方法論がまず先にあり、その方法論でさまざまな対象について研究するタイプの学問で、物理学や化学などがよく代表例に挙げられます。例えば「卵」について、その物理的な挙動を研究するなら「卵の物理学」、化学的特性を分析するなら「卵の化学」になります。同じ研究者が対象を変えて、ボールについて研究を始めれば「ボールの物理学」や「ボールの化学」になるわけですが、その人の研究者としての源泉は方法論のほうにあり、対象を変えても「物理学者」や「化学者」です。一方のフィールドはまず扱う対象が決まっていて、方法論があとからついてくるタイプの学問です。まず「卵」を研究したいという動機があり、その方法として物理学や化学の方法を採用する、というような研究者は、「卵学者」と呼ぶのが妥当でしょう。対象を卵に据えたまま、政治学や法学の方法論を採用することもあるかもしれませんが、卵学者が対象をボールに変えて「ボール学者」になることは起こりにくそうです。卵学者にとっての研究の源泉は対象である「卵」についての興味、知識、経験にあるため、その対象を変えるのは容易ではありません。一方、必要に応じて方法論をさまざまに選択することができるでしょう。

図書館学や図書館情報学はこの二つのうち、疑いの余地なくフィールドの学問です。図書館というフィールドを対象に、知りたいことを明らかにするために使えそうな手法があれば、どんなものでも採用します。ときには「図書館学にはディシプリンがない」とからかわれることもありますが、そのことをポジティブに考えれば、興味があることをアカデミックな形で扱うためにはどんなアプローチがありうるか、日夜検討しつづけているわけです。

そういう意味で、図書館ではなくても興味がある現場、実践的なフィールドをもっているものの、研究としてそれにどうアプローチすればいいかわからないという人にとっては、本書で扱う内容は参考になる部分もあるのではないかと思います。もちろんそれぞれのフィールドに専門書が存在し、きちんとしたやり方についてはそれを参考にしてもらいたいところですが、そういったまっとうにアカデミックな本には、原則として、成功した話や完成した話しか出てきません。しかし本書は、アカデミックなアプローチをとりながらも、あくまでブログの書籍版という体裁であって研究論文ではないのをいいことに、自由なスタイルをとらせてもらっています。「細かいことはさておいて、とりあえずこれくらいで設定してみて」や、「やってみたけどわかりませんでした！」など、研究論文に書いてあったらまず雑誌掲載不可（多くの「論文」は論文を専門的に掲載する雑誌で発表されます）になるような文言が頻出しています。実際には、研究を進める過程ではそういった試行錯誤はどこでも起きているはずなのですが（……筆者だけではないですよね⁇）、研究論文や専門書にそれについて書かれることはまずありません。書かれないけれど、いろいろやってみて、アプローチしてみて、通れる道を探していくのが学問なのです。本書が「とりあえずやってみよう」という気持ちをもつきっかけになるならばうれしいです。現場での疑問が先にあり、それを解決する手法を模索しているタイプの研究が悪戦苦闘の様子を伝えながら、「気軽にやってみたらいいじゃないか」と提案するというのが、本書第三の性格でもあるのです。

「はじめに」の「おわりに」

前置きがずいぶん長くなってしまいました。

しかし、ここから先も本書はこのように、図書館に関する素朴で身近な疑問について、図書館学者である筆者がデータを引っ張ってきながら、ああでもない、こうかもしれないと考えをつづっていくスタイルで進行していきます。冒頭に挙げた疑問以外では、「図書館の本棚に書かれている数字はなんなのか?」とか、「図書館に税金を使うことはどれくらい認められているのか?」とか、「図書館を使っているのはどんな人々なのか?」などなど……。ときどきは別の章の内容を参照することもありますが、基本的にはそれぞれの章が独立した構成になっているので、目次を見て気になったところから読んだり、適当に開いたところから読んだりしてもらってもかまいません。

「図書館を「学問」する」様子とはどんなものなのか。気軽にふれてみていただければ幸いです。

注

(1)「日本の図書館統計」「日本図書館協会」(https://www.jla.or.jp/library/statistics/tabid/94/default.aspx)[二〇二四年三月十八日アクセス]

(2) 図書館学・図書館情報学の成立過程については以下などを参考。佐藤翔「マンハッタン計画と「電子図書館の神話」——学術情報流通の近現代史」「Musa——博物館学芸員課程年報」第二十九号、追手門学院大学文学部博物館学研究室、二〇一五年

(3)「かたつむりは電子図書館の夢をみるか(はてなブログ版)」「はてなブログ」(https://min2-fly.hatenablog.com/)[二〇二四年三月十八日アクセス]。なお、サービス停止に伴い「はてなブログ」に移行したものの、おもな執筆期間中は「はてなダイアリー」を使用していました。

(4) 現在は組織が改編されて図書館情報専門学群は消滅し、情報学群知識情報・図書館学類という部門がその後継になっています。

(5) ピアス・バトラー『図書館学序説』藤野幸雄訳、日本図書館協会、一九七八年。なお、原著の出版は一九三三年。

第1章
図書館の本棚はいっぱいにならないのか

1　捨てて怒られる図書館員あれば、捨てずに怒られる図書館員あり

日本で、ランダムに選んだ百人に「図書館ってどんな場所?」と聞いたら、八十人くらいは「本を借りるところ」と答えると思いますが、「本を保存するところ」と答える人が十人くらいはいそうな気もします。図書館法でも、図書館は「必要な資料を収集し、整理し、保存して、一般公衆の利用に供」する施設であるとされています。資料の汚損に関して「図書館の本は大事にしてください」と呼びかけることが多いのもあってか、図書館といえば本を大事に保存するところ、というイメージは結構根強くありそうです。思い入れが強い本を捨てられないので、図書館に引き取ってもらえないか相談したい……という話もしばしば聞きます（自分も知人にそう相談されたことがあります）。

しかし、そうした依頼を図書館が引き受けてくれることはまずありません。それどころか、一度受け入れた文学者や研究者の蔵書をあとで廃棄してしまって、問題化することがしばしばあります。例えば石川県穴水町では、

地元の考古学研究者が町立図書館に寄贈した図書約二千二百冊のうち、約千九百冊を図書館が廃棄し、寄贈者に抗議されるという事件がありました(1)。二〇〇五年に資料を受け入れましたが、〇七年に能登半島地震があり、図書館も被害を受けて倉庫などに資料を一時移し、それを新図書館に引き継ぐときに、スペースが小さいし利用頻度も低いので、寄贈資料の大半を処分してしまった、ということでした。また、一七年には京都市の右京中央図書館で、フランス文学者・桑原武夫が遺した資料約一万冊強がやはり図書館によって廃棄されていたことが発覚し、責任を負った職員が処分を受けています(2)。この資料は当初、京都市国際交流会館に寄贈されて一般公開していたそうですが、右京中央図書館が新たにオープンした際にそちらに移管し、しかし実際には置き場所がなく、別の建物の倉庫に置いていたもののそこでもスペースがなくなり、廃棄された……ということです。

本を捨てて怒られる図書館員がいる一方で、本を捨てないために不正をおこなったことで怒られた図書館員もいます。こちらは海外の事件ですが、アメリカ・フロリダ州オーランドのイースト・レイク図書館で、図書館員が架空の利用者情報を登録して、利用されていない本について、その架空の利用者が借りているかのように装ったというもの(3)。この図書館では、利用がない本を機械的に除籍（書架から除去・廃棄し、システムからの登録も削除）するシステムを使っていたということですが、除籍したあとでその本のリクエストがあって買い戻すことがしばしばあり、そこでそうなりそうな（いまは利用がないが、のちに利用がありそうな）本は貸出があったことにして、除籍対象にならないようにしていたということです。機械的な除籍のシステムをやめるようにはたらきかけるのが筋だろうとは思いますが、いまは利用がなくてもいい本だったり、古典・定番だったりするのでこれは取っておきたい……という気持ちは、わからないでもない気がします。

それにしても本を捨てても怒られ、捨てなくても怒られ、図書館員というのは因果な商売です。それもこれも、多くの図書館で書架スペースが足りないこと、いわゆる狭隘化の問題を抱えていることが背景にあります。

2　日本の図書館は、年間一千万冊くらい本を捨てている

図書館関係者は当然ご存じのとおり、確かに図書館は本を保存するところですが、同時に大量の本を捨てているところでもあります。というより、有限の空間のなかに体積をもつ物体を収めるかぎり、新しく受け入れるものがあったら、そのぶん捨てないといけないのは当然で、そうしなければいずれ収まりきらなくなります。

しかし実際には、受け入れたのと同じだけの本を捨てている図書館はあまりありません。図1―1は『日本の図書館 統計と名簿』（日本図書館協会。以下、『日本の図書館』）の二〇〇六年から一六年までのデータ[4]をもとに、除籍冊数（仮）と受入冊数の推移を示したものです。対象は都道府県立と市区町村立の双方を含む公立図書館全体です（私立図書館は含んでいません）。（仮）としているのは、『日本の図書館』には各図書館の個別の除籍冊数は掲載されているものの、全図書館をまとめたデータがなく、ほかの値から算出したためです。具体的には、受入冊数の合計値と所蔵冊数の増加状況（前年との差）から逆算した値です（もし本を全く捨てていないなら、受入冊数＝所蔵冊数の増加分になるはず。その差が、図書館からなんらかの理由でなくなった冊数ということになります）。この算出方法だと、図書館が意図して除籍した本の冊数以外に紛失本なども含まれてしまいますが、そもそもそれも除籍にカウントしている図書館もありますし、だいたいの目安ということでいいでしょう。新館ができたり、逆に閉館があったりと母数自体にも変化はあるのですが、そのことについてもここではいったん忘れておきます。あくまで目安です。

受入冊数については直近の数年では少しずつ減る傾向にありますが、だいたい年間千六百万冊から二千万冊の間で推移しています。対して除籍冊数（仮）については増減がありながらも、年間七百万冊から一千万冊で推移しています。差し引きすると、年間六百万冊から千百万冊くらいのペースで、日本の図書館に所蔵されている本

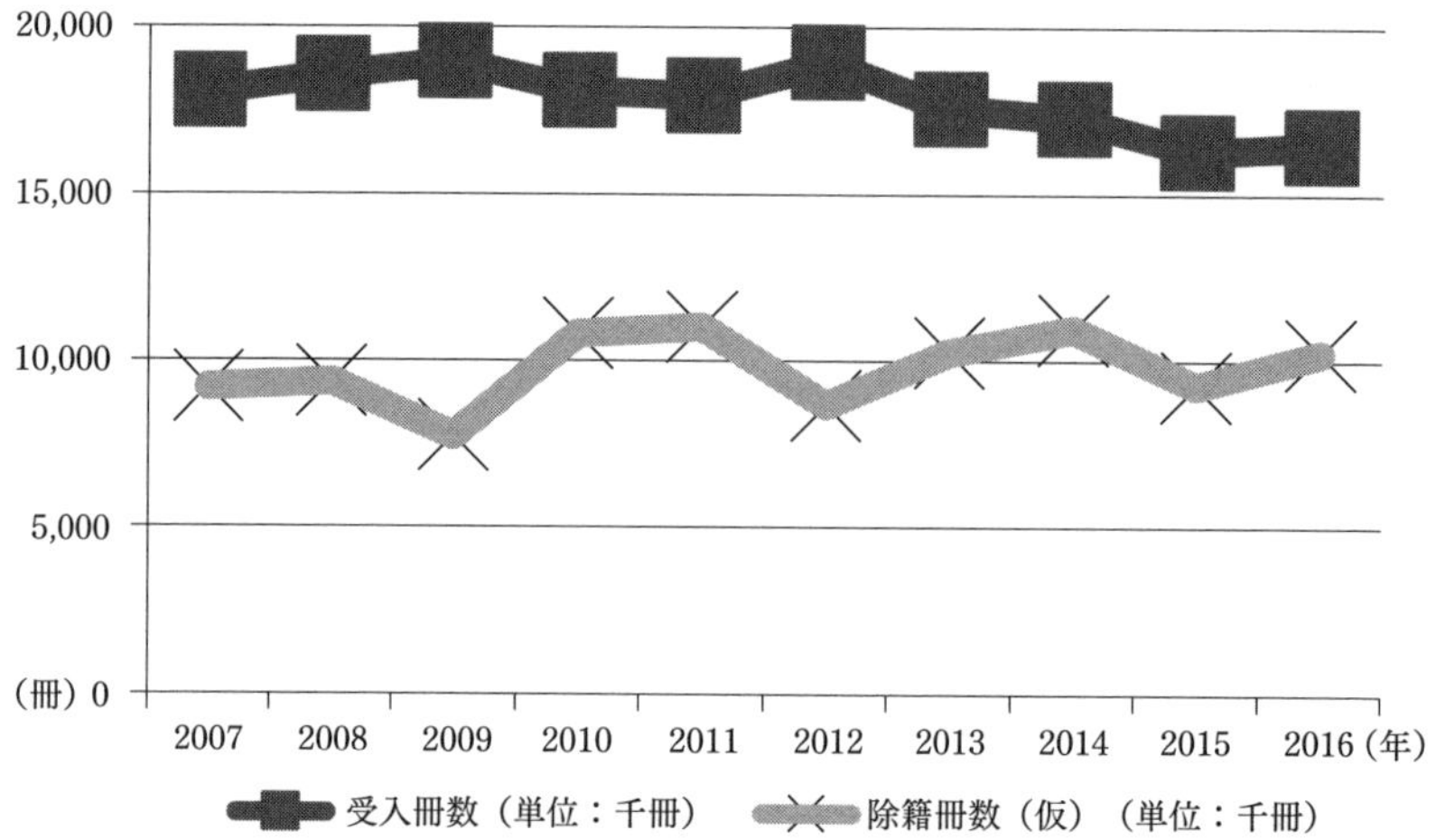

図1－1　日本の公立図書館の受入冊数と除籍冊数（仮）の推移

の冊数は増加しつづけているようです。

「一千万冊捨てている」と聞くとちょっとしたインパクトがありますが、これは日本に三千以上ある公立図書館の合計の冊数です。一館平均でみると受入冊数は五千冊から六千冊、除籍冊数は三千冊前後ということになります。一日十冊くらい捨てている、それくらいの数でしょうか。もちろん都道府県と市区町村で傾向は全く異なり、都道府県立図書館は除籍冊数の平均が三千冊から四千冊にとどまるのに対し、受入冊数は一万七千冊から二万冊くらいあります。そこは各都道府県で保存の機能を担う図書館の面目躍如というところでしょうか。町村立は受入・除籍ともに少なく、市区立は（自治体全体に占める市の割合が多いので当然ですが）全体の平均に近い値になります。受入冊数と除籍冊数の比は、市区立だと二対一から三対二程度。除籍冊数の一・五倍から二倍、新たな本を受け入れていることになります。

もちろん、実際には図書館によって受入／除籍の状況は大きく異なり、例えば冒頭で取り上げた京都市右京中央図書館は、受入一万六千冊に対して、除籍約三千冊(5)と受入が大きく超過しています。一方、政令指定都市立でも岡山市立中央図書館（受入四万六千冊に対して除籍五万三千冊）は除籍冊数のほうが多いですし、両者が拮抗している図書館も多いです。しかし全体としてみれば、日本の図書館は受入超過の状況が続いているといえます。

３　図書館が本でパンクする日はいつくるのか

受入が超過している以上、いまの状況が続けば、いずれ図書館は所蔵冊数の限界を迎え、パンクすることになるはずです。すでに現時点でも捨てたら怒られる本を捨てている図書館が存在しているということは、一部の図書館では収蔵能力の枯渇（＝書庫狭隘化）が問題になっていることを示しています。いずれは、たとえ日本中の図書館で書架を融通しあったとしても書架が足りない、という事態がくるわけです。

ここで問題になるのは、その「いつか」がいつくるのかです。それが千年後のことであればいまのわれわれが心配してもどうしようもないですし、百年後でも、いまはとりあえず考えなくてもいいという気がします。すでに一年間に日本の図書館総体として増える冊数は六百万冊から千百万冊という値を出しているので、あとは日本の図書館総体としての収蔵能力がわかれば、いつ限界がくるのかもわかります。

図書館総体としての収蔵能力に関するデータも『日本の図書館』にはありませんが、幸い延べ床面積の合計については記載されています。この値に基づいて、図書館の収蔵能力を見積もってみましょう。『日本の図書館』によれば、二〇一六年の全図書館の延べ床面積の合計は四百六十三万三千六百八平方メートルです。よくある例えでいうと、東京ドーム約九十九個分の広さになります。常々思っていましたが、これでは全然イメージが湧きませんね。一部の人にだけよりわかりやすいたとえにすると、筑波大学筑波キャンパス（国内最大の図書館情報学の研究拠点であり、筆者の出身大学。敷地のだだっ広さでも有名）でいえば約二個分、もしくは京都御所（筆者の現在の所属先である同志社大学に隣接）でいえば約四十二個分にあたります。がぜんイメージが湧いてきましたが、かなりの広さだということがわかります。

もちろんこの面積すべてが書架にあてられているわけではありません。延べ床面積から書架にあてられる面積とその収蔵能力を計算する方法はいくつかありますが、仮に大学図書館の場合を参考にすると、「学術情報基盤実態調査」[6]によれば、だいたい総面積に対して三・三倍程度の棚板面積が取れている図書館が多いようです。かつ、棚板一平方メートルあたり二十七・七七八冊の本を置くことができるとして、収蔵能力が計算されています。これを日本の公立図書館に当てはめると、総体で約四億二千四百七十五万冊の収蔵能力がある、という計算になります。実際の日本の公立図書館の蔵書冊数合計は、二〇一六年は約四億三千四百五十万冊で……あれ、もう超えています。理論上は、もう日本の公立図書館はパンクしているということになるのでしょうか。

しかし、これだけで判断するのは時期尚早です。大学図書館の場合、蔵書の多くは厚めで大きい専門書が中心になることが考えられますし、公立図書館よりも学習スペースを確保しているところもあるでしょう。ということで、別の計算式も試してみることにします。図書館の必要面積を計算したあるブログ記事では、固定書架で書架同士の芯芯距離一・三五メートル、六段書架を使用するとした場合の、書架面積あたりに置ける本の数の計算方法を検討しています[7]。この記事は大学図書館では一棚あたり二十五冊の本を置け、公共図書館の場合には四十冊は置けるのでは、としています。そこで一棚四十冊で計算してみると、多少書架に余裕をもたせる（隙間をつくる）ことを前提として、床面積一平方メートルあたり三百十六冊の本を置くことができることになります。公立図書館の蔵書冊数の合計約四億三千四百五十万冊をこの値で割ると、約百三十七万五千二百七十八平方メートルになり……よかった、全図書館の延べ床面積四百六十三万三千六百八平方メートルをかなり下回ります。延べ床面積にはまだ三百二十五万八千三百三十平方メートルの余裕があり、あと十億三千万冊程度の収蔵能力があることになります。年間の増加ペースを直近の六百万冊と考えると、書架が足りなくなるのは百七十二年後。千百万冊とした場合でも約九十四年後です。確実に自分はこの世にいないでしょう。

ただし、以上は図書館のすべてを書架にした場合の話です。実際には利用者スペースも事務スペースも必要ですし、最近主流の、居心地がよく、利用者が長時間滞在することを前提にする図書館は、むしろそうした空間のほうを広く取りたいでしょう。仮に図書館全体の半分が書架にあてられるとして計算しなおすと、収蔵能力の残余は約二億九千八百万冊です。年に六百万冊ペースの増加なら約五十年、千百万冊ペースの増加なら約二十七年で残余を使いきる計算になりました。自分の存命中、へたをすると引退前くらいには公共図書館のパンクが問題になる可能性が出てきて、少し安心感が薄れてきました。それでもまだ、かなり先の話です。

細かいことをいえば、いまどきの公立図書館で全書架が六段ということはないだろうとか、特に児童書スペースにはそれほど高い書架を置かないだろう、ということも気になってきます。一方で、特に市区町村立図書館ではかなりの数の本は貸出中のはずなので、書架には出ていないだろう（利用者の家を仮想的に書架と見なせるだろう）と考えられます。あるいは、都道府県立図書館などでは人が入れないくらい狭いスペースに本を詰め込み、必要なものを指定すると検索してロボットが探してくる「自動化書庫」を導入するところも増えてきていて、もっと面積あたりに多くの本を置けるようになっているだろう、という論点も気になります。そういった細かいことを考えだすと本格的な研究になっていくのでここでは深入りしませんが、そういったプラスとマイナスの要素もある程度は相殺されるでしょうし、とりあえず、日本の公立図書館のキャパシティーが完全に枯渇する日は、まだしばらくは先だといえそうです。

4　「現代あるいは、近未来除籍論」序論？

総体としての収蔵能力にはまだ余裕がありそうだとわかったわけですが、個別の図書館の狭隘化の問題がそれで解決するわけではありません。最初の話に戻りますが、所蔵スペースが有限である以上、いつかは受け入れたのと同じ数の本を捨て続けるか、たまにまとめて大量の本を捨てるかしなければならない日がきます。もしくは足りなくなるたびに増築・増床するという手もありますが、あまり現実的ではないでしょう。

そのうちすべての資料がデジタル化して狭隘化の問題なんてなくなる、という可能性もありますが、日本の出版界の動向をみても、近いうちにそういう状況がくるとはどうも考えにくいところです。あとは共同分散保存という、複数の図書館が互いに「この本はうちが担当する」というふうに決めて保存することで、一館あたりの負担を減らすという手もあります。ただ、ある程度は距離が近い範囲に、収蔵能力に余裕がある図書館が少しはないと、いずれはジリ貧になっていきます。

仮に物理的な本が今後も永続的に存在し、かつ図書館というものも今後も存在するのであれば、理論上は受け入れた本のほとんどすべてをいずれ捨てなければ、収蔵能力が枯渇します。もちろんこれは極端な話で、実際には開館当初から所蔵している本を徐々に捨てていくことや、電動書架・集密書架の導入など空間利用の効率化によって延命措置を講じることができるわけですが、それでも対処しきれなくなったときには、受入と除籍のバランスを抜本的に見直していくことが重要で、言い換えれば、「何を保存するのか」と同時に、「何を捨てるのか」も強く意識する必要が出てきます。本章を書くにあたって図書館の除籍について論じた資料を探してみたのですが、選書論・コレクション構築、あるいは保存の話に比べると、除籍の話というのはあまり出てきませんでした。もちろん、何を残すのかの逆を考えれば、何を捨てるのかもわかってくるはずではあります。ただ、残すべき／残したいと思うものを全部残しておく余裕がなくなったときに、それでも決断するとすれば何を優先して捨てるのかは、今後、何を買うのかと同程度に図書館にとって重要な課題になる可能性があります。「理論上は一対一にしないとまずい、受入と除籍を同じにするという理想に現実としてどれだけ近づけるのか」という、保存の場としての図書館を重視している人にはぶん殴られそうな課題を考えていくのも面白そうです。いまのペースが続けば早ければ約二十七年後、遅くとも約百七十二年後には、日本の図書館の書架は枯渇しそうなわけですし、早めに研究しておけばあとでたくさん参照されそうです。自分は引退するか、死んだあとになる可能性大ですが。本当にあとになってくれるでしょうか。

注

（1）詳細は、以下などを参照。安藤健二「穴水町立図書館、寄贈本１８７８冊を廃棄　町教委は一部反論「芥川龍之介全集はある」」「HUFFPOST」（http://www.huffingtonpost.jp/2016/09/05/anamizu-library_n_11870148.html）［二〇二四年五月十日アクセス］

（2）「桑原武夫氏の蔵書1万冊廃棄　京都の図書館、市職員処分」「京都新聞」二〇一七年四月二十七日付

（3）「米フロリダ州レイク郡イースト・レイク図書館で架空の利用者を登録し貸出データを改ざん　長期間利用がない図書を除籍対象から外す目的で」「カレントアウェアネス・ポータル」（https://current.ndl.go.jp/car/33275）［二〇二四年五月十日アクセス］

（4）前掲「日本の図書館統計」。全国集計抜粋の値を使っています。

（5）日本図書館協会図書館調査事業委員会編『日本の図書館　統計と名簿　２０１５』（日本図書館協会、二〇一六年）の値に準拠しています。岡山市立中央図書館の値も同様。

（6）「学術情報基盤実態調査　平成28年度　大学図書館編」「e-Stat」（https://www.e-stat.go.jp/stat-search/files?page=1&layout=datalist&toukei=00400601&tstat=000001015878&cycle=0&tclass1=000001098555&tclass2=000001098556&tclass3val=0）［二〇二四年五月十日アクセス］

（7）「図書館の必要書庫面積の計算について」「Entrance for Studies in Finance」（https://blog.goo.ne.jp/fu12345/e/2199cd0274a7ff0077821524432055b7）［二〇二四年五月十日アクセス］

第2章
本棚のどこにあるかで本の使われ方は変わるのか

1　職業研究者の第一歩、「科研費」と私

大学院生と大学教員などの職業研究者との大きな違いの一つは、職業研究者は研究に必要な資金を自分で獲得する必要がある、という点です。図書館情報学はそれほどお金がかかる研究分野ではなく、たとえなかったとしてもなんとかなるのですが、お金があれば研究がぐっと進められるのも確かです。研究資金には大学から固定で支給されるもの、私的な財団などに応募するもの、政府のプロジェクトに関わるものなどいろいろありますが、日本の研究者の多くが応募し、受給しているのは文部科学省の研究助成事業である科学研究費補助金（科研費）です。科研費は幅広い分野が対象になり（もちろん図書館情報学も）、テーマなどを研究者の側が提案できる点（指定される費目もありますが）、そして何より予算規模が大きい（ので受け取ることができる人も多い）点に魅力があります。普段は手が出ない装置を買ったり、人を雇ったりできるので、あたれば（研究者は「あたる」と言いがちです）何かとありがたいのがこの科研費です。

筆者が研究者として歩みだした当初、この科研費として採択されたテーマが、「人は本棚をどんなふうに見ているのかを明らかにする」「それが実際の本の利用にどれくらい影響しているのかを明らかにする」というものでした。つまり「本棚のどこにあるかによって本の使われ方は変わるのか」という話です。いまだ道半ばで、実際にどれくらい変わるかまではわかっていないのですが、人が本棚をどんなふうに見ているのかは、かなりわかってきています。結論からいうと、「上のほうの段しか見られていないので、下段に自分の著書が置かれていたら、お気の毒」ということです。

2　図書〝館〟の強みは書架とブラウジングである

そもそも、自分がわずかなりとも図書館業界で声をかけてもらえるようになった契機は、「はじめに」でも述べたように「かたつむりは電子図書館の夢をみるか」というブログを執筆していたことでした。そう、電子図書館。元来、筆者は過激な電子図書館推進派であり、資料は全部電子化されてどこからでも閲覧できるようになることが理想的で、図書館になんて行かなくてすむなら行きたくない、などということも放言していました。(1)そんな自分が本棚の研究（それも公共図書館の！）という柄にもない研究をやることになったきっかけは、科研費への応募だったのです。

時は大学教員になったばかり、二〇一三年の春。当時、人生で初めての科研費申請（着任したばかりの教員向けの費目）の書類を作成していた筆者は、科研費というのは「自分でもできると思わない大きなテーマを書いたほうが通る」という聞きかじった話をうのみにし、図書館を題材にした実現できそうもない研究をあれこれ考えていました。資料の電子化が進み、いずれどこからでも必要な情報が手に入ろうという現代に、あえて空間としての「図書館」を残す強みとは何か。もっとありていにいえば、強みとして科研費の審査員にアピールできそうなことは何か。閲覧席などの学習空間か？　学習だけならべつに図書館でなくてもいいじゃないか。図書館で働く図書館員か？　人が重要ならますます空間はいらないんじゃないか。……本棚か？　……あー、本棚かあ。

本棚の効用についてはいろいろいわれていますが、三次元空間に、図書などの情報が載った実体を大量に配置して、利用者の目にふれるようにするという機能は、（ＶＲ〔Virtual Reality〕でも使わないかぎりは）現状、代替のしようがなさそうです。検索して必要な情報を手に入れるのはオンラインで問題なく実現できますが、検索していないものや、インターネットの推薦システムには引っかからないようなものが空間を専有し、その存在をいやでもアピールしてくるというのは、大量の本と本棚をもつ空間としての「図書館」の強みといえるでしょう。いわばブラウジング（はっきりとした目的なく、ぶらぶら本棚を見ること）ができることこそが、図書館の強みです。その一方で、現在の図書館は本棚を分類法に沿って、利用者が「目当ての本を探す」ことに特化した形式で並べています。これは必ずしもブラウジングに適しているのかどうかわかりません。「よりブラウジングに適した、「見ているだけで利用者に新たな発見を促す」ような並べ方を構築する。よし、これだ！」ということで科研費の申請書はすらすらと作成されていったのでした。その申請は、残念ながら落ちたのですが、翌年度にマイナーチェンジして申請したものを採択してもらいました。で、採択されてみて、はたと困るわけです。「書類にはいろいろ書いたが、そんな並べ方どうやって実現するというのだろう」

3　新たな発見を促す本棚＝目につく位置に「思いもしない」本がある本棚

「新たな発見を促す」本棚とは何か。この雲をつかむようなテーマに、初年度は雲をつかむようにして、「表紙やカバーの色別に本が並んでいる本棚」とか「金曜日によく借りられる本の本棚」とか、本棚のあり方をいろいろと考えてみたのですが、つくづくつかみどころがなくて研究にならない。研究というからには実証的なアプローチが必要なわけですが、「新たな発見」が起こったかどうかなどどうやって測定するのか。そもそもなんでしょう、「新たな発見」って。本棚を見てるだけでそんなものどうやって起こるというのか。起こらない、といってしまうと研究が破綻するので、本棚を見ているうちに起こるであろう新たな発見とは何かを考えました。まあ本棚を見ていて起こる発見といえば、もちろん新たな本とか、既知の本の思いもしない要素とか、とにかく「本」でしょう。思わぬ本を発見できる、言い換えれば、思いもしない本が目につく本棚が、新たな発見を促す本棚です。「思いもしない」の部分は主観的で測定が難しいので、とりあえず「特定の本が目につく」並べ方がわかれば、あとはそこに「思いもしない」と思われそうな本を置けばよさそうです。なるほど、つまり「本棚のなかで目につく位置がどこなのか」がわかればいいわけですが、いかにも研究されていそうなテーマです。しかし、探してみると意外にも先行研究があまり存在しませんでした。それならば自分でやろう！……ということで、「図書館のなかで人は書架のどこをよく見るのか」を研究していくことになったわけです。人が本棚を見るときの特性がわかれば、それに沿って本を並べれば、思わぬ発見なんてコントロールし放題です。

4　視線追尾装置、登場！

「人は本棚のどこをよく見るのか」などといういかにもありそうな研究が、なぜこれまでされていなかったのか。それは調べるのが面倒くさいというか、大変だったからです。

実は自分が大学院生活を過ごした筑波大学の逸村裕教授の研究室で、後輩がまさに図書館内での利用者の視線分析をおこなっていました。(2) 被験者がどこを見ているのか、注視点を特定するために視線追尾装置を使い、大学図書館のなかで情報探索する学生や図書館員の視線の動きを調べるというものです。目的の書架にたどり着いたあと、「学生は書名を読んで探そうとするので視線は縦方向にジグザグする」「図書館員は請求記号（本の分類を表す記号と、著者を表す記号で構成される、図書館の本の背に貼ってあるラベルに書かれている記号。図書館の本はこの記号に沿って並べてあります）だけを見て探そうとするので、視線は横方向にまっすぐ移動する」など、面白い知見を引き出しています。

ただしこの実験、自分も共同研究者として多少手伝ったのですが、はたで見ていても大変そうでした。なにせ専用のデスクトップパソコンに接続しないと装置が使えないので、館内を移動するために発電機と台車を用意し、被験者の後ろからガタゴトと押して歩いていくのです。大がかりにもほどがあり、それでいて装置の作動も不安定で（そりゃ、ガタゴト揺れるデスクトップパソコンなんて不安定なのが当然でしょうが）、一時間費やした実験結果が何も残っていない、なんてこともしばしば見ました。携帯向けの装置は高いですし……。

図2－1　視線追尾装置を装着した被験者の例。神奈川県・海老名市立中央図書館で

図2－2　視線追尾装置のデータ例。十字が表示されている点が注視点

とはいえ、くだんの装置は二〇〇〇年代半ばに開発された代物。いまやノートパソコンに接続し、移動しながらでも容易に使える視線追尾装置が比較的安価で入手可能です（といっても百万円前後するのですが。そこは科研費が頼りです）。これを使えば図書館内で人の視線がどんなふうに動き、どこをどれだけ見ているのか、いくらでも分析できます。筑波大学の実験で苦労していた後輩たちよ、かたきは取るからな！という気持ちでした。

5　書架は三段目までが七割（もしくは二段目までが八割）

図書館での実験は二〇一六年から開始し、これまでに神奈川県の海老名市立中央図書館や京都府立図書館などで実験をおこないました。実験の条件などは図書館によっても異なるのですが、「一定時間、館内を自由に散策してください」とお願いしている点は共通です。細かい違いは、海老名市での実験は「十分間で一冊（ないし複数冊）興味がある本を探してください」、京都府では「二十分間で、まずこちらが指定した本を探してきてください（検索実験）。そのあと、余った時間で館内を自由に散策してください（ブラウジング実験）」というお願いをしたうえで、視線追尾装置を装着した被験者に、館内を歩き回ってもらっています。京都府での実験についてはそのうちの後半、ブラウジング実験の結果を本章ではみていきましょう。なお海老名市では十一人、京都府では八人の被験者のデータが分析の対象になりました。

まずは大ざっぱなところから、書架のなかでも段によって（垂直位置によって）どれだけ注視される時間が異なるのかをみていくことにしました。より細かい傾向（見られやすい特定の点があるか、など）についてはそのあとでみていきます。実際の分析では動画をコマ送りして、一コマ一コマ、書架を見ているか、見ているとしたら何段目を見ているかを入力していき、最後に結果を集計しました。十分間の実験で、うまくいくとコマ数は九千（装置の設定を15fpsにした場合）から一万八千（30fps）にもなります。お願いした入力アルバイトのみなさんにが

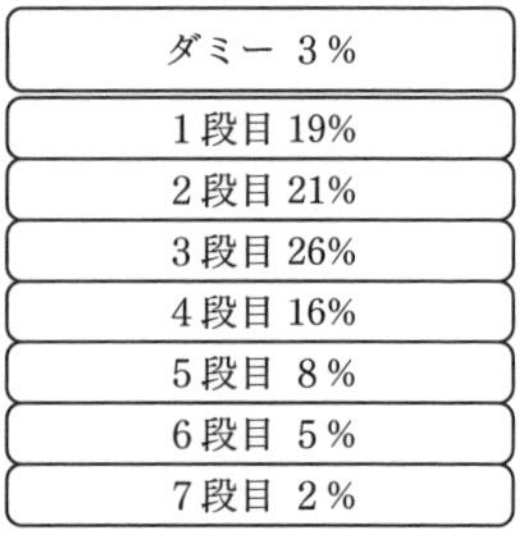

ダミー 3%
1段目 19%
2段目 21%
3段目 26%
4段目 16%
5段目 8%
6段目 5%
7段目 2%

図2―3　段ごとの注視割合：海老名市立中央図書館

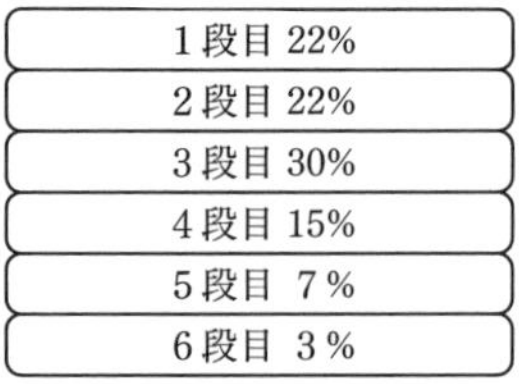

1段目 22%
2段目 22%
3段目 30%
4段目 15%
5段目 7%
6段目 3%

図2―4　段ごとの注視割合：京都府立図書館・高書架

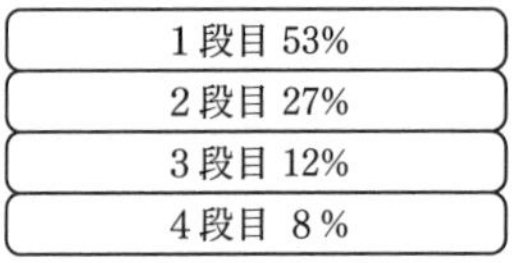

1段目 53%	
2段目 27%	
3段目 12%	
4段目 8%	

図2―5　段ごとの注視割合：京都府立図書館・低書架

んばってもらいました。

こうして得たデータに基づいて、二つの図書館での書架の段ごとの注視割合（書架を注視しているコマの総数を分母、各段の注視コマ数を分子とする値）を算出した結果が、図2―3から図2―5です（全被験者の平均）。海老名市には高さが異なる複数の書架があるのですが、合算して計算しています（ほとんどの書架は七段もしくは六段なので、大きな影響はないと考えられます）。また、海老名市にはダミー書架（ペーパークラフトでできた本の模型や、もともと書庫にあった閲覧頻度が低い図書などを入れた書架）がありますので、ほかの段とは分けて集計しています。京都府には六段の高書架、四段（もしくは三段）の低書架、雑誌書架の三種類が存在し、それぞれを分けて集計しています（一部、段数がもっと多い書架もあるものの、ほとんど注視されていなかったので除外。雑誌架についてもここでは省略）。

結果は一目瞭然です。予測したとおりではあるのですが、視線は書架の上段に集中し、下段はあまり見られていません。それくらいは測定しなくたってわかるわけですが、注目すべきはその具体的な割合です。海老名市ではダミー書架を除く、書架の上部三段目までに書架注視コマ数の六六％（約七割）、四段目を含めると八二％が集中していて、下の三段はほとんど見られていません。海老名市立中央図書館の書架は四段目と五段目の間がややせり出していて、五段目以下に照明を当てる作りになっているのですが、その作りが注視を増していることは確認できませんでした。京都府でも六段書架では上部三段目までに、注視の七四％（約七割）が集中していて、四段目を含めれば八九％と約九割に達します（海老名市に比べて段数が少ないせいもありますが）。また、低書架では二段目までが注視の八〇％を占めていました（ただし、これは大型書架に三段構成が多く、四段目がないことの影響もあります）。両図書館に共通して、平均すると書架の上から三段目までが約七割の注視時間を占めていて、段によってブラウジングで見られる時間は著しく異なることがわかりました。さらに興味深いのは、海老名市と京都府の高書架で各段の注視割合に大きな差がないことです。両図書館で三段目がいちばんよく見られているものの、一段目から三段目の間に注視割合の大きな差はなく、四段目はその三段に比べると顕著に注視割合が低くなり、五段目以下は壊滅的になります。この違いは単純に高さに比例して起きているのではなく、一段目から三段目、四段目、それ以下、という三カ所に分かれる傾向には、おそらく人の目の高さと上下の視野角が関係しているはずです。このことについては、今後より詳しく検証していきたいところです。

もちろん、以上は全体を平均した結果であって、被験者ごとにみればまた異なる傾向があります。四段目をいちばんよく見ている人や、最上段をあまり見ない人もいますし、特に雑誌架では、最下段をいちばんよく見る人もいます。一方で、高書架については、五段目以下を最もよく見ている人や、一段目から三段目をあまり見ない人、というのはいまのところ確認されていません。少なくとも本が詰まった、六段以上の高さがある書架で、五段目以下というのは予想以上に見られにくいといえ、ブラウジング時にはここに置かれている本はほとんど目に留まらないだろうと推測できます。

6　今後に向けて

最初の海老名市での実験が終わって結果を目にしたときには「自分の本が五段目以下に置かれていたらこっそり上段にずらしてやろう」と思ったものですが、京都府での実験結果を受けてこの思いはいっそう強まりました

(もちろん実際には非常に迷惑なのでやりませんが)。六段構成の書架で最下段を使わない図書館は多いのですが、こうなると五段目も使いたくない気がしてきます。というより、現在の五段目以下を廃して、そのぶん高くしてみてはどうかという気さえしてきますが、それはそれで手に取りにくくなりますので難しいですね。

本章のもとになった雑誌連載の執筆時点ではこの二館の結果の分析しか終わっていませんでしたが、その後、愛知県豊橋市の図書館でも実験をおこない、やはり上段に視線が非常に偏るという結果を得ています。そのうえで現在は、それが貸出に影響するのか、というところまで研究を進めているところです。先々の課題は広がるばかりです。それも、科研費のおかげです(本章で扱った研究は、JSPS科学研究費補助金26730164、16K00450、17H02026、ならびに18K18335の支援を受けておこないました)。

注

(1)佐藤翔「図書館を利用しない／する理由」「筑波大学附属図書館 Tulips」(https://www.tulips.tsukuba.ac.jp/pub/ibaraki-kenshu/090304_4.pdf)[二〇二四年五月十日アクセス]

(2)安蒜孝政／市村光広／佐藤翔／寺井仁／松村敦／宇陀則彦／逸村裕「図書館における情報探索行動」「二〇一〇年日本図書館情報学会春季研究集会発表要綱」日本図書館情報学会、二〇一〇年

[付記]末筆になりますが、実験にご協力いただいた海老名市立中央図書館、京都府立図書館、豊橋市立中央図書館のみなさま、被験者のみなさまにあつくお礼を申し上げます。

第３章 図書館の本棚に書かれている数字はなんなのか

はじめに

筆者は一つのテーマを腰を据えてじっくり研究するというよりは、いろいろなところにつまみ食い的にちょっかいを出すタイプなのですが、そうしたテーマの一つにＶＲ（Virtual Reality）空間内に仮想の図書館を構築するというものがあります。仮想図書館のなかで被験者にいろいろな行動をしてもらう、という実験をするものです。事の起こりは二〇一七年の図書館総合展という図書館関連業者の展示会兼図書館業界の祭典で、図書館ＶＲシミュレーターのデモをしていたハコヤという企業のブースを見たことです。ハコヤが提供しているシミュレーターは架空の図書館をＶＲ空間内に構築し、利用者がＶＲバイザーをかぶってその空間内で行動できるというものです。例えば前に歩けばＶＲ内でも前に進むし、振り向けば当然後ろが見える、頭の位置を動かせばそれに応じて視界も変わるという、いわゆるＶＲそのものなのですが、これが実際に体験してみると思った以上の没入感で、閲覧席の椅子など思わず本当に座りそうになりました。「これを使えば、図書館を使う実験がぐーんと楽になるのでは？」と思いつき、名刺を交換し、その後も連絡を取り合って共同開発・研究にこぎ着けた、という次第です。考えてみれば、図書館に関わる製品やサービスの展示会であり商談の場でもある図書館総合展を本来の使い方で使ったのはこのときが初めてでした。いつもは図書館業界の文化祭兼同窓会、みたいに思ってしまっているフシもあります。

さて、なぜＶＲを使うと実験が楽になるのかについて、さまざまな装置を担いで図書館におじゃまする必要が減るというのももちろんありますが、いちばんの利点は「環境に手を加える実験をしやすい」ところにあります。そのほかの条件はそろえたうえで、検証したい条件だけを変えてその影響を測る……という、いわゆる対照実験が被験者実験の王道ですが、実際の図書館を使ってこれをするのはかなり困難です。

例えば、館内に掲示されているサインをすべて変えるとか、棚のデザインや書架の配列を変えるとかを実環境でやるのはものすごく面倒だったり、費用がかかりすぎたりして、実質不可能なことが多いのです。そのため、図書館を使った実験というと、被験者にお願いして何かをしてもらうタスクの実験や、被験者自身の属性を変えておこなう実験が主流で、サインや館内デザインの検証を対照実験でおこなうことはまれです。でもＶＲなら（モデリングやシステム開発にはもちろんコストがかかるわけですが）実空間でやりにくいような対照実験でも、いくらでも実施可能です。

1 「書架番号」、じゃまじゃない？

ＶＲを使った実験の手始めに取り組んだのは、ちょうど別の実験で気になっていた「書架番号」についてです。図３―１は、図書館の書架に掲示されているサインの具体例です。図書の分類番号（内容・テーマに基づいて決められている記号）の数字一、二桁が、配架されている図書の主題を表す言葉とともに棚の側面に掲示されてい

図3－1　書架番号の例
（Asturio Cantabrio「File:Kisosaki Town Library bookshelves ac (3).jpg」「Wikimedia Commons」〔https://commons.wikimedia.org/wiki/File:Kisosaki_Town_Library_bookshelves_ac_(3).jpg〕［2024年5月28日アクセス］。ライセンスは CC BY-SA 4.0 に基づく）

ます。書架の上にも分類番号を伴うサインが出ています（図左側の「6 産業・農業」）が、それとは別に、図書館によっては棚ごとに固有の番号が付されて掲示されていることがあり、それが図の「32」「33」などの書架番号、ということになります。図3―1の図書館では書架の上の分類を表す番号のほうが大きく目立っていますが、書架番号が最も大きなサイン、という例も少なからず存在します。

　第2章で紹介した図書館での視線追尾実験のなかで、何度かこの書架番号が利用者を混乱させる場面をみました。蔵書検索で目当ての資料を検索し、請求記号（どこの書架に置いてあるかを示す記号。通常、分類番号と著者を表す記号などから構成される）をメモして歩く被験者が、分類番号と似たような値の書架番号に迷うことがあるのです。

　これまで書架番号というものをあまり疑問視していなかったのですが、考えてみるとこの数字、なぜこんなに大きく掲示されているんでしょうか。もちろん、管理上必要なのはわかります。書架ごとに配架される本の主題は蔵書規模や構成の変化

表3―1　近畿近隣の図書館（N＝16）の書架番号掲示状況

	館数	割合
書架番号あり	14	87.5%
書架番号が最大	12	75.0%

に伴って変わりうるので（図書館は本を新たに買ったり、第1章でみたように捨てたり、あるいは書架から裏の書庫に片付けたりしますが、それに伴ってどこの書架にどの本を置くかは、常に少しずつ変化しています。そのため、書架に付いている分類番号のサインは基本的にどれも固定されておらず、その書架に置く本が変わったら掛け替えられるようになっています。分類番号などの記号は、ほかの資料との相対的な位置関係を示すものなのです）、主題とは別に書架固有の番号がなければ、不便な場面も多いでしょう。しかし書架の番号、大きく掲示する必要、ありますか？　運営側はともかく、利用者にとってどんな意義があるんでしょうか。利用者を特定の書架に案内する際に使うなら、その意義はあるでしょう。「その本なら○○番の書架のあたりですよ」と伝えるなど。書店なんかはそうしていますよね。でも、蔵書検索で書架番号が出てくることって、一部――例えば蔦屋書店を営んでいるカルチュア・コンビニエンス・クラブ（CCC）が指定管理者に入っている図書館とか――を除いてあまり見かけません。図書館員が利用者に直接案内するときには使っているんでしょうか。

　印象論をいっていても仕方がないので、試しに自分がなんらかの用事で図書館に出向いたときにメモを取ったり、学生に協力してもらったりしながら、近所の図書館についてのデータをまとめてみたものが表3―1です。ほとんどの図書館が書架番号を掲示しているだけでなく、いちばん大きなサインになっている（分類番号や主題キーワードより大きい）ことも多いです。かつ、蔵書検索で書架番号の情報が表示される例は皆無でした[1]。書架番号が平仮名という特別な事例（一館ありました）を除くと、数字を使用したサインが同時に二種類あり、より大きく表示されているほうが図書の探索にはあまり意味がないというのは、やはり変な話です。分類番号の最初の一桁を表示しておくなどのほうが利用者には探しやすそうな気がしますし、なんなら単に書架番号の掲示をやめるだけでも、混乱を引き起こすことがなくなるのではないでしょうか。

　ということを実際の図書館で検証するために、館内のサインをすべて掛け替えるのはとにかく大変です。そこでVRの出番、というわけです。

2　VR実験の概要と結果

実はもともとハコヤが製作していた図書館VRシミュレーターにも、この書架番号が実装されていました（図3―2）。書架番号と、主題を表す言葉（これは日本の図書館分類に基づいています）が書架の上に掲示されているというスタイルで、ハコヤの開発担当者がおそらく実際にいくつかの図書館を見て「なるほど、書架ごとに一連の番号があるのか」と思って付けられたものと推測できます。

これに対し、われわれの実験では新たに分類番号の最初の一桁をサインとして表示するように作ってもらい、書架上に配置できるようにしました（図3―3）。そのとき書架番号を削除してしまってもよかったのですが、とりあえず分類掲示との比較をしてみようと考えました。それぞれのVRモデルは、スイッチ（といっても実際のスイッチではなく、これもVR内に表示されます）操作で切り替えることができます。

そのほかの条件（例えば棚の脇に張り出している主題掲示など）はスイッチで切り替えても変化しません。ということで、VRを使えばまさしく変えたい条件だけを変える対照実験ができるわけです。

この二つのVRモデルを十人の学生被験者にそれぞれ使ってもらい（合計二十人）、どちらのほうが指定した主題の図書が置かれた棚を早く見つけることができるかを検証します。どの主題を選ぶかは難しいところですが、今回はとりあえず「320 法律」と「540 電気・電子工学」を順に探してもらう、ということにしました。「320 法律」は単にこのVR図書館の奥のほうにあるためで、「540 電気・電子工学」はそこから遠くにあるためです。実験にあたっては、まずは請求記号というものを知っているかどうかを聞いたうえで、知らない学生（やや驚きましたが、理工系の学生などは図書館で本を探す機会があまりなかったりするようです）には「こういう

図3－2　書架番号が掲示されている VR モデル

図3－3　書架番号のかわりに、分類番号1桁が掲示されている VR モデル

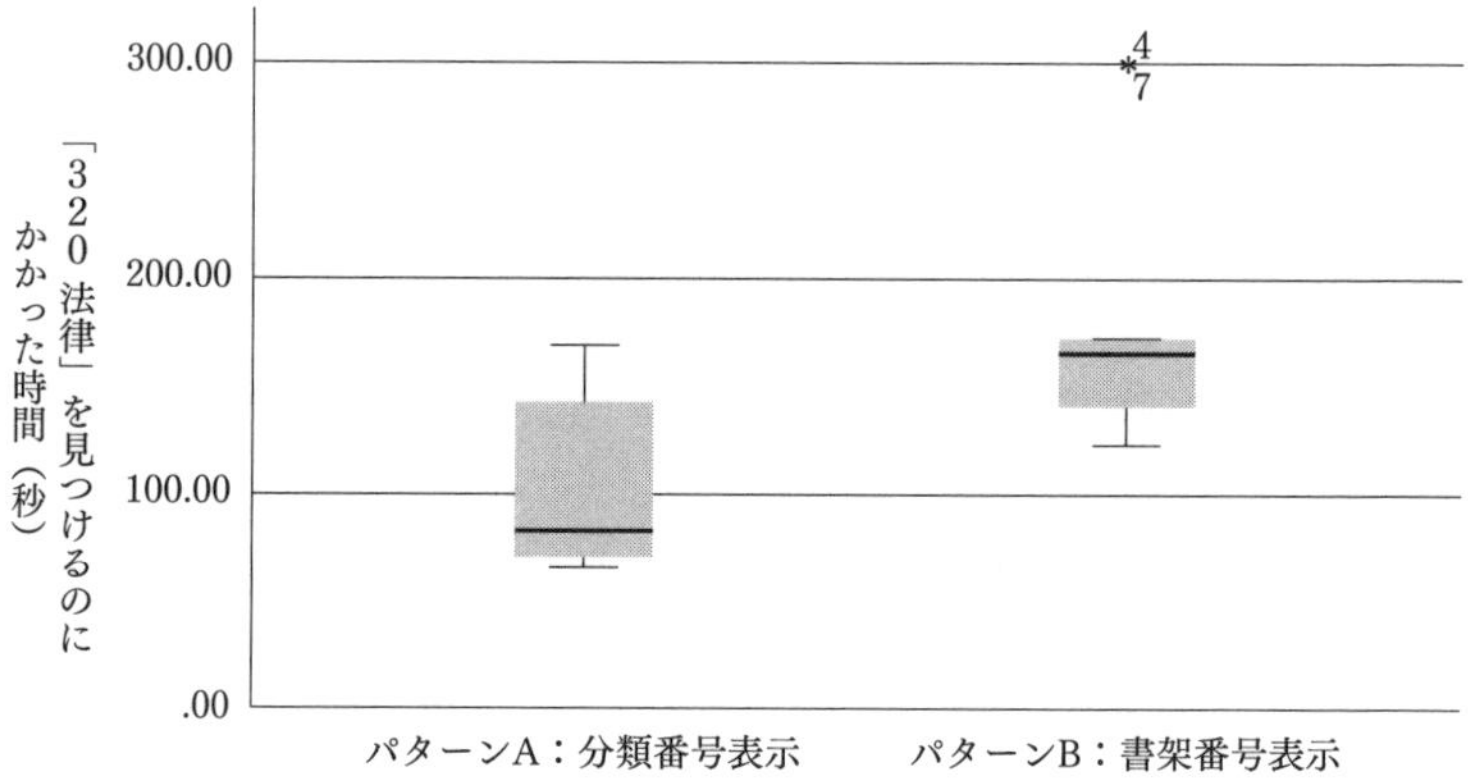

図3－4 「320 法律」がある棚を見つけてくるまでにかかる時間

ものなんだよ」と説明をしたうえで実験をおこなっています。

実験の結果は、かなり顕著でした。図３―４が、被験者が「３２０ 法律」を見つけるまでにかかった時間を、箱ひげ図というデータの分布を示す図にまとめたものです。箱が下のほうにあればあるほどかかった時間が短く、上にあるほどかかった時間が長い、ということになります。「パターンＡ」が図３―３の分類番号一桁サイン版、「パターンＢ」が図３―２の書架番号版の結果です。見てのとおり、書架番号掲示のほうが箱が全体に上にあり、目当ての棚を見つけるのに時間がかかっています。平均すると八十秒ほどと、おおむね倍近い時間がかかっていました。とりあえず書架番号よりは分類番号一桁サインのほうが本を探しやすい、ということは確かなわけです。実際、ＶＲ実験中でもしばしば書架番号を見て変な位置を探しにいってしまう事例が散見されました。

ただ、実は「５４０ 電気・電子工学」では特に差は出ていません。今回の実験ではまず「３２０ 法律」を探しにいってもらったのですが、それを探してぐるぐる歩くうちに館内の配架をだいたい把握していて、次の探索では簡単に見つけられるようになったようです。そういう意味では、配架に慣れてしまえば書架番号掲示は特に問題ではなく、初めて来館する利用者にだけ悪影響を与える、といえるかもしれません。

３　われわれのＶＲ実験はまだ始まったばかりだ！

「慣れれば悪影響はないなら、書架番号掲示のままでもいいのでは？」という意見もありえますが、とはいえ、やはり初めての利用者に不親切なのは確かです。今回の実験結果は、書架番号掲示の問題点を示すものといっていいと思います。

ただ、今回の実験では「分類番号一桁vs書架番号」を検証したわけですが、これだと分類番号一桁が探しやすいだろうとある程度は予想がつきます。とはいえ実際には、前半でも述べたとおり、配架位置は蔵書構成次第で変わるものなので、分類番号を常設のサインとしてそれほど大きく掲示できないという事情もあるだろうと思います。そこで次に試したいのは、「書架番号ありvs書架番号なし」です。もしこの実験で書架番号がなく主題を表す言葉だけのサインのほうが探索時間が短いようなら、単純に書架番号を全部取り払うか隠してしまったほうがいい、ということが立証できると考えています。

また、今回は、情報探索にある程度慣れた学生ばかりを被験者としています。そのため、あまり情報探索に慣れていない、普段図書館を使わないような人や、使うとしてもあまり本を探さないような人ならばどうだろう……というのも気になるところで、現在、学生以外の被験者を集めて実験をおこなうことも計画中です。VRでこうした実験が容易にできることで、実験をしたい研究者はもちろん、施設の改善をしたい図書館、ひいては利用する人々にもメリットがありそうです。夢はふくらむばかりです。

注

(1) これは当然といえば当然で、配架位置が変わることを考えると、書架番号を検索結果に表示するには、配架作業時にどの書架に置いたかというデータを入力するオペレーションが増えます。実際、配架位置が検索で表示される書店やカルチュア・コンビニエンス・クラブ(CCC)が入っている図書館は、書架にバーコードがついていて、配架時に配架する図書と書架のバーコードの読み取りをおこなうなどしているようです。本がよく貸し出される図書館ではかなりの負担になるのではないでしょうか。

第4章　なぜ図書館は月曜日に閉まっているのか

はじめに——執念深くやっています

本書刊行にあたっての収録順は前後しますが、筆者は長年、公共図書館の日々の貸出冊数と、天候や曜日の関係性を研究しています。詳しくは第6章「雨が降ると図書館に来る人は増えるのか、減るのか」に書いていますが、その研究をおこなうにあたって、いろいろな図書館のカレンダーを眺め、データに入力する作業をしていました。そこでふと気になったことがありました。

分析対象にしていた図書館がたまたまどこも（祝日以外は）月曜日休館だったのですが、そういえばなぜ公共図書館って月曜日休館が多いのでしょう。これまで分析したどの図書館も月曜日は祝日しか開館していないので、平日の月曜日をもし開館日にした場合に利用がどれくらい見込めるかはわかりません。ただ、これまでの研究ではほかの平日間の差はあまりないので、月曜日を開館日にした場合でも格段に利用が少なくなるということはないと考えられます。一方で、飲食店や理容・美容業界など、月曜日定休の仕事は結構ありますので、そうした職種の人々は月曜日に図書館を使いたいと思ってもなかなか開いていない、ということになりそうです（後述しますが、実際にそういう意見が寄せられることもあります）。

「大多数の図書館ではシフト制を敷いているんだから、休館日を設けず、毎日開館すればいいのでは？」というとてももっともな意見については、いったんおいておくとして、もし週に一回は休館日を設けるとしても、それが月曜日でなければいけない合理的な理由って何かあるのでしょうか。

1　ところで本当に月曜日に閉まっているの？

ところで「公共図書館は月曜日休館が多い」という前提で話を進めてしまっていますが、まずは本当にそうなのかを、念のため確認しておきましょう。表4―1に『日本の図書館』二〇二〇年版[1]のデータから、市区町村立図書館（自治体内に複数の図書館がある場合は、もっとも大きい、いわゆる中央館）で休館日が週に一回設けられている場合、何曜日が多いのかをまとめました。一目瞭然、月曜日休館の図書館が約七〇％と最も多く、やはり多くの公共図書館は月曜日に閉まっている、といってしまってよさそうです。ちなみに第二位は「毎週の休館日なし」で約一五％ですが、そのうち四分の三は「第n○曜日」（nは一から四の自然数、○はいずれかの曜日）は休館する、という方式を採用しています。その場合、最も多いのは「第四木曜日」（十三館）なのですが、ほかは「第三月曜日」「第四月曜日」（ともに九館）、「第二・第四月曜日」（八館）……など、やはり月曜日が続いていきます。

月曜日以外の曜日固定の休館では、火曜日（約九％）が最も多く、水曜日（約二％）、木曜日（約一％）、金曜日（約一％）を休館日にしている図書館はごくわずかです。日曜固定休館は全部で六館（〇・四％）しかなく、土曜日だけ休んでいるという図書館は、日本の市区町村立中央図書館では一館しかありません。そのほかに、週に二

表4－1　市区町村立図書館（中央館）の休館日の状況（N＝1,345）

	月曜日	火曜日	水曜日	木曜日	金曜日	土曜日	日曜日	2日以上	なし
館数	937	117	28	16	14	1	6	27	199
割合（%）	69.7%	8.7%	2.1%	1.2%	1.0%	0.1%	0.4%	2.0%	14.8%

表4－2　自治体種類別の休館日の状況（N＝1,318）（休館日2日以上の自治体は除外）

		月	火	水	木	金	土	日	なし
区	館数	2	0	0	0	0	0	0	21
	割合（%）	8.7%	0.0%	0.0%	0.0%	0.0%	0.0%	0.0%	91.3%
市	館数	527	66	18	11	13	0	1	141
	割合（%）	67.8%	8.5%	2.3%	1.4%	1.7%	0.0%	0.1%	18.1%
町	館数	378	46	7	5	1	1	5	27
	割合（%）	80.4%	9.8%	1.5%	1.1%	0.2%	0.2%	1.1%	5.7%
村	館数	30	5	3	0	0	0	0	10
	割合（%）	62.5%	10.4%	6.3%	0.0%	0.0%	0.0%	0.0%	20.8%

日以上休館日がある図書館は二%で、その多くは月曜日・火曜日休館（十六館）と土・日休館（五館）です。

ちなみに自治体の種別や地域によって、休館日には偏りがあります（表４―２）。東京二十三区の図書館は、二館（月曜日休館）を除いて毎週の休館日を設けていません。市と村では毎週の休館日なしは二〇%前後であるのに対し、町では五・七%にとどまります。町⇔村で自治体規模と休館日の状況が逆転しているのが不思議ですが、村は図書館の設置率自体が低いので、あえて図書館を設置している村では毎週の休館日を設けないなど、運営に力を入れているのかもしれません。

ほかには市のなかでも政令指定都市は毎週休館日なしが四〇%と多くなっていて、また、大阪府内の図書館は毎週休館日なしが約三九%と政令指定都市並みに多いうえに、火曜日休館が約一六%で他自治体よりも多く、結果的に月曜日休館が約四八%でやや少なめになっています。ちなみに筆者が住んでいる京都市も火曜日休館ですので、近畿には月曜日休館ではない図書館が多め、というのは実感にも合うのですが、なぜそうなっているのでしょうか。例えば、関東の理容・美容業は火曜日定休が多いのに対し、ほかの地域は月曜日定休が一般的だそうなので、大阪府内の図書館（と、京都市の図書館）はそれに配慮したところが多い、とかいった理由のためでしょうか。

と、一部に偏りはあるものの、大勢としては月曜日休館が圧倒的に多いことは間違いないようです。では、なぜ日本の公共図書館はそろって、月曜日に閉まっているのでしょうか。

2　月曜日に閉まっているのは、日曜日に開いているからである

月曜日に閉まっている理由は、ある意味では非常にはっきりしていて、「日曜日に開いているから」です。いまとなっては日曜日に公共図書館が開いているなんて当たり前のことですが（前述のとおり、日曜日休館の図書館はいまやごくわずかです）、ある程度以上の年齢の方はご存じのとおり、かつては公共図書館の日曜日開館は「当たり前」ではありませんでした。いまから四十年以上前、一九八一年六月号の「図書館雑誌」（日本図書館協会）誌上で「日曜開館・夜間開館をめぐって」という特集が組まれています。そこに掲載されている一記事によれば、一九八〇年時点で日本の都道府県立図書館の五〇％以上、市区立で約二〇％、町村立で約三七％が日曜日休館でした。[2]現在とは隔世の感があります（ちなみに前節では省きましたが、都道府県立図書館の中央館で現在、日曜日休館の図書館はゼロです。四十年で状況は劇的に改善したのです）。

開館すれば明らかに多く利用されることが間違いない日曜日に、なぜ図書館が閉まっていたのか。これについても「図書館雑誌」の特集が参考になります。まず前述の開館状況などの統計を示した記事では、一九七九年に『日本の図書館』の付帯調査としておこなわれた「公共図書館・職員に関する調査」の結果を報告しています。そして、十分な職員数が確保できていないことと、職員の労働条件の整備ができていないことが日曜日開館・夜間開館の妨げになっている、と指摘しています。また、この特集での福島県いわき市の日曜日開館の事例報告で

も、日曜開館のためには職員増が必要だと考え、粘り強く交渉したと書いてあります。[3]「なるほど！」……と思いましたが、それが理由であれば職員数が増えてシフト制が組めたのなら、月曜日を休館する必要はないのでは？とも思います。実際、統計に基づく記事のほうでは、日曜日出勤の振り替えは「月曜日」である場合が約七五％ということで、単純に日曜日に開館して月曜日に休む体制に変わっただけのような気がします。同記事冒頭では導入として、「土曜の午後や日曜日には人並みに休みたい、と思うのは当然のこと[4]」と書いてあるのですが、職員数よりもこちらのほうが日曜日休館の理由としては大きかったのではないでしょうか。実際、先のいわき市の場合でも職員数増の見通しが立ったあとも、組合との交渉が難航したことが報告されています。別の東京都荒川区の事例報告では、日曜日開館を求める「日暮里地域に図書館をつくる会」の組合幹部との話し合いの場で、組合幹部にけんもほろろな扱いを受けた（「図書館に来られないような零細企業の労働環境こそ問題であり組合をつくって改善すべきである。われわれは週休二日制を目指して運動している。日曜出勤する職員の精神的苦痛は重い[5]」）としています。いわき市にしても荒川区にしても、図書館単独の組合ではない（そもそも荒川区は図書館に専従の職員を置く、いわゆる司書職制度がない）ので、図書館員としてというよりは自治体職員として、日曜日出勤への反対の声は大きかったようです。

とはいえ、図書館現場や利用者の側からすれば日曜日開館のニーズは大きいわけで、その後はご存じのとおり、日本のほとんどの公共図書館は日曜日も開館するようになりました。逆に考えると、職員の数の問題よりも日曜日出勤自体のほうがハードルだったために、そのハードルを越えれば、別の日に休みを設ければ大幅な人員増はしなくても日曜日開館が実現できた、といえるかもしれません。そうして日曜日に開館するようになった図書館は、それまで開館していた月曜日を休館にすることを選んだ……ようなのですが、そこでなぜ月曜日が選ばれたのかについては「図書館雑誌」の誌上でもふれられておらず、管見のかぎりではほかに記事も見当たりませんでした。日曜日に開けるための代替の曜日を、特に深く考えずに設定したら次の日（月曜日）だったということなのか。あるいは、飲食店などにならって、利用者が多い日の次の日は少ないだろう、という見込みからでしょうか。美術館・博物館で月曜日休館が多いのは、利用が多い日の翌日に念入りに整理・点検・清掃をするためだという事情もあるそうですが[6]、多くの職員が出勤しないならそういう理由ではないでしょうし。これだけ多くの図書館が「休館日を設けるなら月曜日」としているからにはその理由があるはずですが、当時はあまりにも当たり前の対応だったからか、逆にその意図を明文化したものが見つからないのでしょうか。あるいは、図書館で働いているみなさんにとっては常識的な事情がある、ということでしょうか。

3　月曜日休館の妥当性

もし週に一回、必ず休館日を設ける必要があるならば、曜日は固定したほうがいいのは間違いありません。不定休にされてしまうと、利用者が入り口まで来て「あれ？　休館日だったか」と気づくケースが多発するでしょう。実際、第n○曜日休館式の図書館で、休館日に実験をしていたことがあるのですが、しばしば入り口に利用者が来てしまっていました。これは第n○曜日休館式の弊害でしょう（もちろん、だから○曜日を全部休館する方式にしたほうがいい、という話ではありません）。

一方で、本書の「はじめに」でも例に挙げたとおり、曜日を固定してしまうと、慣例的にその曜日を休日としている業種の人（かつ土曜日や日曜日に働いている人）の利用が阻害される、という問題が発生します。「令和三年社会生活基本調査」（総務省統計局）によれば、日本の有業者のうち、平日に仕事をしている人が八二・四％なのに対し、土曜日は四三・四％、日曜日は二八・〇％でした[7]。働く人の約四分の一は日曜日にも働いているわけで、決して無視できる数ではありません。もちろんそのなかにはシフト制やフリーランスなど、そもそも休日が固定されていない人も含まれているわけですが、曜日固定で休んでいる人も少なからずいるはずです。ですが、「社会生活基本調査」は平日のなかでの曜日別の就業状況は示してくれていないのです。

平日に働いている人の平均割合が八二・四％なので、単純に考えればどの曜日にも、そこで休んでいる人が一七％くらいはいるよ、ということかもしれませんが、「この曜日は比較的、みんな働いている！」みたいなことは統計的にはわかりません。

統計的にはわからないものの、思いつく範囲で各曜日の休みが多い業種を挙げると以下でしょうか（もちろん例外もあれば、定休日を設けていない店もあるでしょう）。

・月曜日：飲食店、理容院・美容院、博物館・美術館
・火曜日：関東の理容院・美容院
・水曜日：不動産関係
・木曜日：開業医、生花店、クリーニング店
・金曜日：？

金曜日だけ、慣習的に定休にしている業種が思いつきませんでした。火曜日も、関東以外はそんなにないかもしれません。木曜日の開業医については、半日休みや全休のところも多いと思いますが、医師自身は休んでいるわけではなく検診などの仕事をしている場合が多いですし、また開業医の場合にはそれ以外にも日曜日が休診の場合がほとんど（そこで図書館に行ける）なので、強く意識する必要はないかもしれません。

しかしこうして列挙してみると、やはり月曜日は固定で定休日にしている業種が比較的多いという印象があります。特に理容院・美容院については実際に働いている人から「図書館が使えない」という意見が出てもいます。先の「図書館雑誌」特集でも、いわき市の日曜日開館の反響として、月曜日が休館になったことで結果的に使いにくくなったという理容・美容業界からのネガティブな意見があった、と記載があります。やはりどこか一日休館の曜日を設けるにしても、月曜日であることの妥当性は見直してみてもいい気がするのですが……。金曜日あ

たりだとどうなんでしょう。あとは、第ｎ○曜日休館式で比較的選ばれがちな、木曜日はどうでしょうか。

おわりに――月曜日開館の図書館はぜひご協力を！

さて、察しがいい人のなかには「中央図書館が閉まっているとして、自治体内に分館があるところでは休館日をずらしているのでは？」と考えた人もいるのではないでしょうか。実際、そのようにしてどこかの図書館は開いているという状況を作っている自治体もしばしばあります。今回は話を単純化するためにそのことはあえて考えなかったのですが、踏み込んだ議論をするためには中央館・分館の関係や、隣接する自治体間で休館日をずらしていることもあるのでは、といったこともみていく必要があります。

あとは、月曜日に開館している、あるいは年中無休の図書館で、月曜日の利用が実際どれくらいあるのかが知りたいです。月曜日に開館している図書館職員で協力していただける方は、ぜひ当方にお声をおかけください。

……しかし、利用者のことを考えれば、そもそも週一休館や、月何回かの休館をすることなく、いつでも開館しているというのが理想的ではあるのでしょう。ちなみに今回調べた図書館のなかで、夏休みも正月休みもなく、三百六十五日完全年中無休というのは佐賀県の武雄市図書館だけでした。武雄市についてはＣＣＣが指定管理者になったあとの運営について、賛否さまざまに議論されましたが、この点についてはまだ追随するところが出てきていないようです。[8]

注

（1）日本図書館協会図書館調査事業委員会／日本の図書館調査委員会編『日本の図書館　統計と名簿　２０２０』ＣＤ－

ROM版、日本図書館協会、二〇二一年

(2) 久保輝巳「日曜開館・夜間開館に向けて」、日本図書館協会図書館雑誌編集委員会編「図書館雑誌」一九八一年六月号、日本図書館協会

(3) 松本周司「日曜開館に至るまで――いわき市立図書館の事例」、同誌

(4) 前掲「日曜開館・夜間開館に向けて」三二〇ページ

(5) 鈴木澄子「日曜開館を要求して」、同誌三二六ページ

(6) 「科学館、博物館、動物園などの休館日を月曜以外にして下さい」「東京都」(https://www.metro.tokyo.lg.jp/tosei/hodohappyo/press/2017/01/30/15_11.html)［二〇二二年九月十二日アクセス］。もとのURLは失効していますが、「Internet Archive」「WayBack Machine」([https://web.archive.org/web/20221121072033/https://www.metro.tokyo.lg.jp/tosei/hodohappyo/press/2017/01/30/15_11.html]［二〇二四年五月十七日アクセス］)で内容を参照できます。

(7) 「社会生活基本調査／令和三年社会生活基本調査の結果／調査票Aに基づく結果／生活時間に関する結果／生活時間編（全国）」「総務省統計局」(https://www.stat.go.jp/data/shakai/2021/kekka.html)［二〇二四年五月十七日アクセス］

(8) はたして年末年始に開く必要があるのか？というのは議論が分かれるところかもしれません。ところで筆者の場合は帰省したときの行き場所として函館蔦屋書店をかなり重宝していますが、かなり混んでいます。お年玉が見る見る本やおもちゃになっていくのを、スターバックスのコーヒー片手に眺めるのです。武雄市でも同様に子連れで帰省した人がよく使っているのでは、という気もするのですが、どうでしょうか。

第5章 図書館を訪れる人は増えているのか、減っているのか

はじめに

数年前、仕事で関わっているいくつかの公共図書館で、来館者数の減少を問題視しているというところがありました。減少といっても微減程度ではあるのですが、複数年にわたって続いていることから問題視しているということも共通しています。いずれも非常に精力的に活動している図書館であり、だからこそ来館者減に対しても敏感なのですが、少なくともサービス面には来館者が減る要因があるようにはみえません（なお、その後、新型コロナウイルス感染症のパンデミックが発生し、臨時休館や滞在時間の制限などがおこなわれた際に来館利用は激減しました。現在は徐々に回復傾向にはあるようですが、本章で扱っている微減の傾向もまた復活しているようです）。

そうなると、それぞれの図書館に何か問題があるのではなくて、よりマクロな、公共図書館という存在自体や日本社会になんらかの変化が起こっているのではないか、ということをすぐに疑いだすのが研究者の常です。さっそく考えてみよう……と思うのですが、その前にお聞きしたいことがあります。本書の読者には公共図書館に

勤めている人も結構いるのではと思うのですが、みなさんの館の状況はどうでしょうか。たぶんですが、来館者数、減っていませんか？　なぜそういえるのか、その理由については次節以降でふれたいと思います。

1　大ざっぱにみると――日本全体は二〇一八年に久しぶりに減、都道府県立図書館は微減

手始めに、日本図書館協会（ＪＬＡ）がウェブで公開している「日本の図書館統計」[1]のデータをみてみます。これは『日本の図書館』に収録されているデータのうち全国統計だけを抜粋したものですが、『日本の図書館』は有料なのに対し、ウェブのほうは無料で閲覧できるので、気軽におおまかな傾向をみてみたいときには重宝します。

さっそくですが、「日本の図書館統計」から二〇一八年までの十年間の図書館総数と来館者数を抽出し、一館あたりの来館者数を算出してその推移を示したものが図5―1の棒グラフです。来館者数は基本的に増加傾向にありますが、二〇一一年から一二年で一度、減少しています。その後、再び増加に転じ、一六年以降は一館あたりの来館者数が十万人を超えるようになりました。しかし徐々に増加のペースは落ち、一八年には一館あたりの来館者数が再び減少しています。

たまたま来館者数の調査を始めたのは二〇一九年ですが、そのときに減少が再び観測されるとは、なんてタイムリーなのでしょう。とはいえ来館者数の減少が二〇一八年、久しぶりに起こったような現象なのであれば、自分が直接聞いた、図書館で継続的に来館者数が微減傾向にある、という話の説明にはなりません。ただ図5―1の棒グラフは、あらゆる規模・設置種別の図書館を合算した結果なので、大きな図書館などに限定すると、また違う結果になるのかもしれません。

そのため、都道府県立図書館に限定して、同じく一館あたりの来館者数をみてみたものが図5―1の折れ線グ

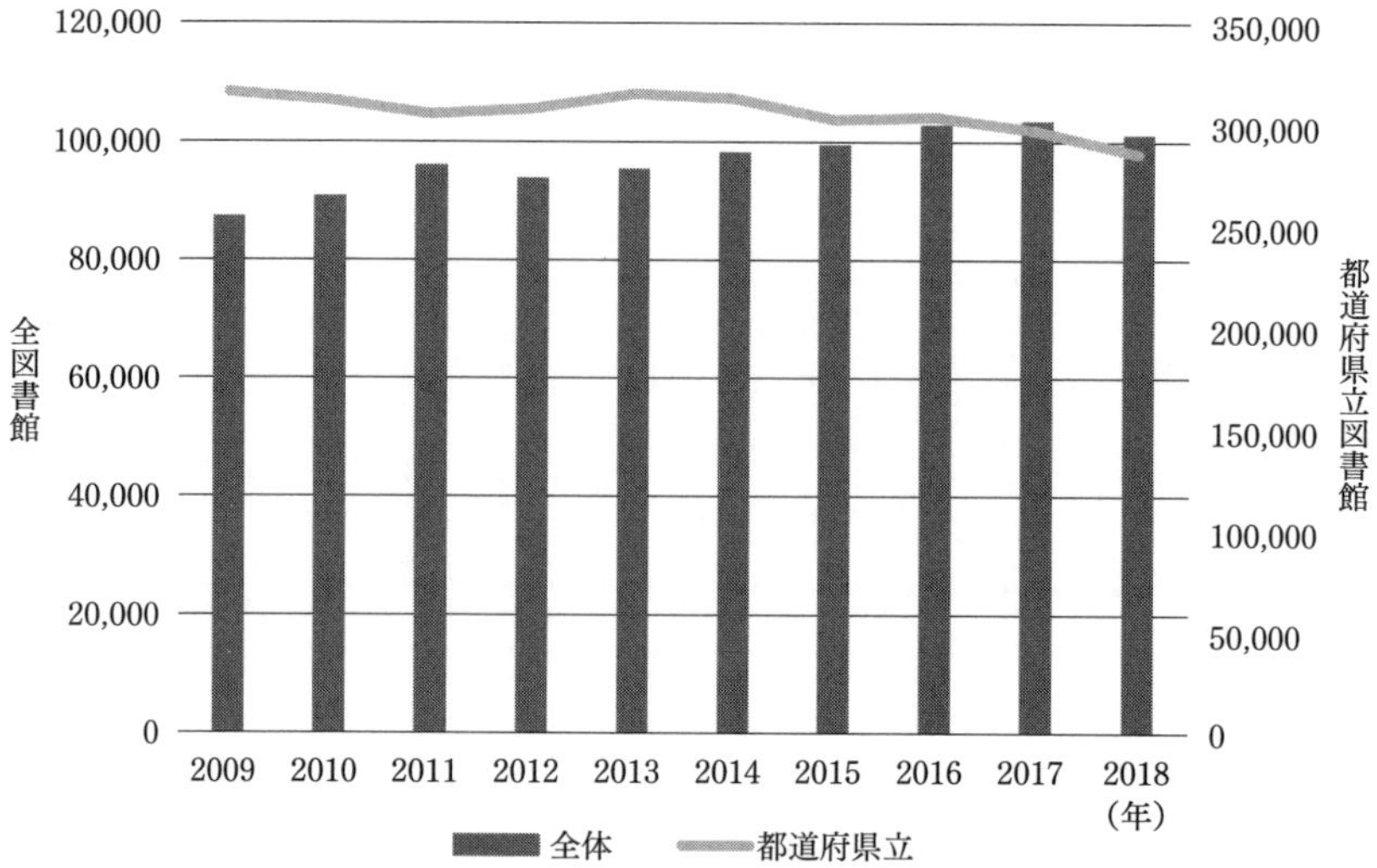

図5－1　来館者数の推移

ラフです。都道府県立では来館者数は全図書館平均の三倍ほどになりますが、こちらは二〇〇九年がピークで、その後は細かい増減を繰り返しながらも微減傾向にあることが見て取れます。都道府県立図書館では、確かに来館者数は微減しているところが多いようです。

2　細かくみると
――三分の二の図書館は微減傾向、三分の一は大幅増傾向

全国集計値でもそれなりのことがわかりますが、合算値になってしまうので、一部の図書館が来館者数を大きく伸ばしていたり、逆に減らしている図書館があったりすることの影響が出ているかもしれません。より細かくみていくためには、やはり『日本の図書館』本体のデータにあたって個々の図書館の数値やその推移を分析していくことが必要になります。ただ、冊子版に掲載されているデータを手で入力していくと作業量が膨大になるので、こうした集計をしたいときにはデータ版を購入するのがよいでしょう。データ版の定価はとても高いですが、会員であれば比較的安価で購入できます。

さて、入手したデータに基づき、まずは集計対象を絞り込

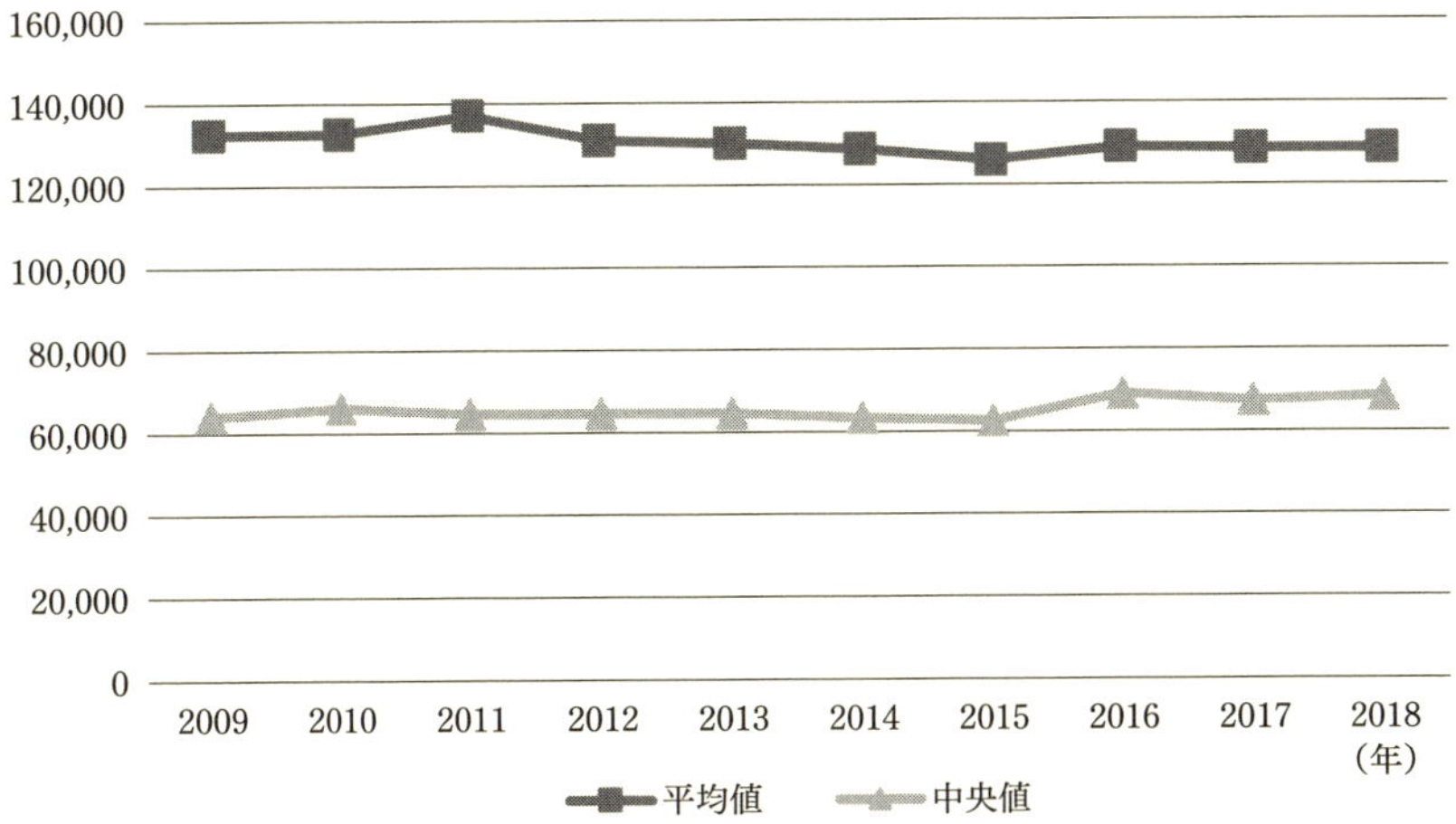

図5−2　来館者数の推移（2009年から18年のすべてのデータがある図書館に限定）

んでいきます。全国合算値だと、最近開館した図書館（昔のデータがない、あるいはゼロである）や、逆に閉館した図書館（近年のデータがない、あるいはゼロである）が交ざることになります。また、従来は分館・本館の来館者数を合算して計算していた（分館の来館者をゼロと報告していた）ものをある時期から分割して報告するようになったといった、逆の事例もあります。そのほかに、たまたまある年、『日本の図書館』に回答していなかった、ということもあるかもしれません。こういう図書館は正確な集計結果を出すうえでノイズになります。そこで二〇〇九年から一八年のすべての期間の来館者データが存在する図書館に限定すると、千九百三十一館が抽出されました。これを集計対象にすることにします。

　千九百三十一館の図書館について、二〇〇九年から一八年までの来館者数の推移を、平均値（一館あたりの来館者数）と、中央値（全体の真ん中、来館者数九百六十六位の図書館の値）からみたものが図5―2です。平均値ベースではほぼ横ばいか、強いていえばやや微減傾向にあることと、中央値ベースでもほぼ横ばいだったものの、一六年にいったん増加し、その状態で横ばいに転じていることが見て取れます。

　図5―1では全国の図書館の来館者数は近年まで増加傾向にありましたが、図5―2では当初から横ばいか微減傾向になってい

表5－1　2009年から18年にかけての来館者数の増減状況

	図書館数	割合	増減率平均値	増減率中央値
2009年→18年で来館者数が減少（負）	1,175	60.8%	－22.6%	－18.9%
2009→18年で来館者数が増加（正）	756	39.2%	118.4%	32.8%

ます。このことからわかるのは、日本全体でみた場合の来館者数の増加は図5―2には反映されない、新規に開館した図書館の影響が大きい、ということです。図5―1でも一館あたりの平均を出しているので、単純に図書館の数が増えたから値が高くなるということはありませんが、①新館は話題になるため利用者が多い、②新館は翌年以降も利用者を伸ばしていくことが多いので、増加が続く、ということが要因として考えられます。逆にいえば、もともとあった図書館の多くでは、十年前の時点ですでに来館者数はピークを迎えていたということになります。

この推測を裏づけるのが表5―1の結果です。二〇〇九年と一八年を比較して、「二〇〇九年よりも一八年の来館者が多い（二〇一八年引く〇九年の値が正）」図書館と、「二〇〇九年よりも一八年の来館者が少ない（二〇一八年引く〇九年の値が負）」図書館の数と割合を算出しました。その結果、実に六〇％以上、三分の二近い図書館は値が負、つまり来館者が減っていました。十年以上前から存在する図書館の大半で、来館者が減っているのです。「来館者が減ってるんだよなあ……」という悩みを抱えている図書館のみなさん、みんな同じことで悩んでいるようですよ。

ここで、「多数派の図書館は来館者が減っているのに、全体でみるとなんで横ばいなの？」という疑問が湧きますが、それは来館者が増えている図書館では大きく増えているのに対し、減っている図書館はどこも微減だからです。表5―1に正・負それぞれの図書館について、二〇〇九年から一八年の変化の割合（二〇〇九年に比べて一八年の値はどれだけ減ったり増えたりしているのか）を算出した値も出しています（平均値・中央値）。平均値をみたところ、正の図書館の増加割合は約一一八％（二〇一八年の来館者は〇九年の二・一八倍）なのに対し、負の図書館の減少割合は約二三％（二〇一八年の来館者は〇九年の〇・七七倍＝約五分の四）にとどまっていることがわかります。もちろん来館者が五分の四になってしまっているのは大きいといえば大きな減り方ですが、来館者が二倍以上になるよりはインパクトが少ないでしょう。

ちなみに中央値をみると、負の図書館の減少率はそれほど変わらない（約一九％）のに対し、正の図書館の増加率は平均値よりもかなり下がります（約三三％）。これは、来館者が増えている図書館には極端に増えているところとそうでもないところがあるのに対し、減っている図書館は全体に微減であり極端な減少は少ないことを示しています。

図書館の来館者数は、増えるときは勢いよく増えますが、やがてペースが衰え、減るときにはじりじりと減っていくといえそうです（ただ、それはほかの多くの施設にも当てはまるかもしれません）。

おわりに——なぜ来館者数は減っているのか

あらためてここまでの結果をまとめると、次のとおりです。

①日本の公共図書館の来館者数は、近年まで基本的に増加傾向にあったが、二〇一八年に減少に転じた。

②これまでの増加をおもに支えてきたのは、新規開館の図書館である。従来あった図書館では、減少傾向の図書館のほうが多い。

③来館者数が減少しているといっても、多くは微減である。一方、増加している図書館のなかには大幅増の図書館がある。

これらのことからさらに考察すると、来館者増が続いている図書館の多くは、おそらく比較的近年にできた図書館（十年以上前ではあるものの、それほど古くはない）ではないでしょうか。新しい図書館が来館者数を伸ばしながらも、より古くからある図書館では来館者数がもう飽和状態になっていたのでしょう。そして日本全体でみても、そのように来館者数が飽和しはじめたことが、二〇一八年の前年比減少という結果につながったものと考えられます。

このように「伸びが止まった」だけならば、来館者数をこれ以上伸ばす余地がなくなった、つまり「日本の図書館も成熟したということですよ」といい話のように片づけることもできそうです。ただ、どうとらえたらいいのかわからないのは、「増減を繰り返す横ばいではなく、負の図書館が多い」ということです。もちろん横ばいといっても完全に同じ値にはならないので、年ごとに増減は繰り返すはずです。しかし純粋な横ばいならこの増減がどちらに転じているかはだいたい同じ割合になるはずです。そうするとまだ伸びている図書館もある以上、図書館界全体では「正」の図書館が多くなるはずなのです。そうならないのは、横ばいではなく来館者数が減っている図書館が確かに多いから、と考えざるをえません。日本の図書館来館者は単に飽和を迎えただけではなく、減りつつあるのだといえるでしょう。

となると、なぜ来館者数は減っているのか、という点が気になってくるわけですが、それについては今後、より詳細な研究で明らかにしていく必要があります。さしあたってすぐに思いつく穏当な仮説は、人口動態の変化の影響です。人口の減少、特に利用者のボリュームゾーンである子どもの減少は大きく影響していそうな気がします。その一方で、もう一つのボリュームゾーンである高齢者は増えているはずでもあります。ほかには、人々の居住地域構成の変化（利用者のボリュームゾーンである地方在住者の減少の影響など）、あるいは人々の余暇時間（余暇の長さ自体はもちろん、その使い方）の変化……など、まずは外的要因が全体にどのような影響を与えるのかを、多種のデータを使って明らかにしていければと考えています。

また、図書館自体の要因もありえます。今回のデータから、単純に建物が古くなるとじりじりと利用者が減ってくる（図書館の魅力が減衰する）ということもいえるのではないか、という気がします。ただ、そうなると改築や建て替えの予算が得られないと、日本の図書館界はジリ貧になる、といういやな結論も導かれかねませんが……。

注

（1）前掲「日本の図書館統計」

第6章　雨が降ると図書館に来る人は増えるのか、減るのか

1　晴耕雨読にあこがれて

働き始めて十年強。一般的な大学教員よりはかなり業務量に余裕があると思いますが、二人の子どもを育てながらとなると、なかなか自分のために使える時間は希少です。読みたい本が溜まっているものの、少しずつしか手をつけられず……引退した先生から「晴耕雨読の日々です」というお便りをいただくと、少しうらやましく感じもします。

ところで、晴耕雨読。読書にまつわる四字熟語として、なじみ深いという人も多いのではないでしょうか。本好きの人がもじって「晴読雨読」なんて言っているのもしばしば耳にします（そういうタイトルのフリーペーパーもあったそうです）。晴れた日は田畑を耕し、雨の日は読書の悠々自適の暮らし……もちろん、田畑を耕すのは大変な労働であって、悠々自適というのはあくまでイメージなのですが、天候によって働けるときは働き、そうでないときは読書をして過ごす、というのは理想的な生活のように思えます。

とはいえ、「雨の日には本を読んで過ごすにしても、図書館に借りにくるというわけではなさそうです。特に都市圏の人々は」というのが本章のお話です。

考えてみれば、晴耕雨読というのは雨が降って外で作業ができない日には家で本を読んでいる、という話なので、畑を耕せない天気なら、外出して図書館に行くのも当然おっくうになりそうです。天候は図書館の利用数に如実に影響しそうですが……本当に意外なことに、天候と利用の関係についての調査は、一九九〇年代にいくつかおこなわれていた程度で[1]、あまり多くはありません。いま、やってみる価値はありそうです。

2　天候と貸出冊数、ついでに曜日の関係

ところで、今回の分析はそもそも筑波大学・小泉公乃研究室（当時。現在は亜細亜大学講師）の五十嵐智哉さんが、愛知県の田原市図書館と東京都の江東区立図書館の協力を得ておこなった貸出データ分析（卒業研究[2]）を基礎に、同志社大学の原田隆史さんと自分が共同研究者として分析の視点（天候＋曜日）を追加し、さらに同志社大学の学生たちの協力も得て、A-LIEP（アジア太平洋図書館・情報教育国際会議）という学会で詳細について発表したものです。A-LIEP での発表はその後、論文としてもまとめているので[3]、興味がある人はぜひそちらも読んでみてください。

なお、貸出データの分析では当然、利用者のプライバシーの保護に配慮して慎重な対応が必要になります。もっとも、今回の分析では個々の利用者の情報はもちろん、借りた資料の詳細情報も除去し、完全に借りた資料の冊数だけの情報を利用して分析を進めています。当初は三時間ごとの貸出冊数なども集計して、ある時点での天候がその後の時間帯の利用に与える影響をみようかとも考えたのですが、これはなかなかうまくいかず[4]、最終的には一日あたりの貸出冊数と、その日の天候の関係をみることになりました。「そもそも来館者数を調査するべ

きでは?」という疑問もありえますが、この点については今後の課題にしたいと思います(その後、貸出冊数だけでなく来館者数と天候との関係についても、大阪府立図書館のデータをもとに分析し、二〇二一年に論文(5)にまとめています)。

この調査では、あえて狙ったわけではないのですが、分析対象がくしくも大都市圏(江東区)と地方都市(田原市)という性格が大きく違う地域になりました。江東区は一平方キロあたりの人口が一万二千百七十人で、江東区立江東図書館(いわゆる中央図書館)は最寄り駅から徒歩六分、駐車場はあまり大きくありません。一方、田原市は一平方キロあたりの人口が三百二十四人、中央図書館は最寄り駅から徒歩十五分、近くに大きな駐車場があります。前者の利用者の多くは徒歩か公共交通機関、後者は自家用車で来館するだろうと想定されます。

分析対象データはいずれも中央図書館の貸出データを利用し、二〇一六年度(二〇一六年四月から一七年三月まで)を対象期間にしました。天候のデータは気象庁のウェブサイトから入手し、今回は降水量を分析に用います。風速や気温などを含めるのはまたの機会として、まずは雨の影響からみていきましょう。また、曜日の影響が大きいことも考えられるので、曜日・祝日のデータも分析に投入します。そのうえで、単純に降水量と一日あたりの貸出冊数、曜日・祝日と貸出冊数の関係をみるほかに、降水量と曜日・祝日から貸出冊数を予測するモデルを構築してみました。このモデルのなかで、降雨が曜日・祝日とは独立して貸出冊数に影響を与えていることが明らかになるなら(たまたま特定の曜日に天候の偏りがあった、などではない直接の影響が観察されるなら)、確かに雨は利用に影響を与えるといえるわけです。

さっそくですが、まずは降水の有無と貸出冊数の関係についてグラフにした図6―1をごらんください。これは「箱ひげ図」という種類のグラフで、真ん中の線が中央値(全データを大きさの順に並べたときの、いちばん真ん中の値。データ数が偶数のときは真ん中に最も近い二つの値の平均)、箱の上端が上位七五%の値、箱の下端が下位二五%の値を示しています。ひげ(線)は上端が最大値、下端が最小値です。「箱ひげ図」はデータの偏りが大きいときに分布の概要を把握するためにみるもので、貸出や引用回数のような偏りがあるデータではよく用い

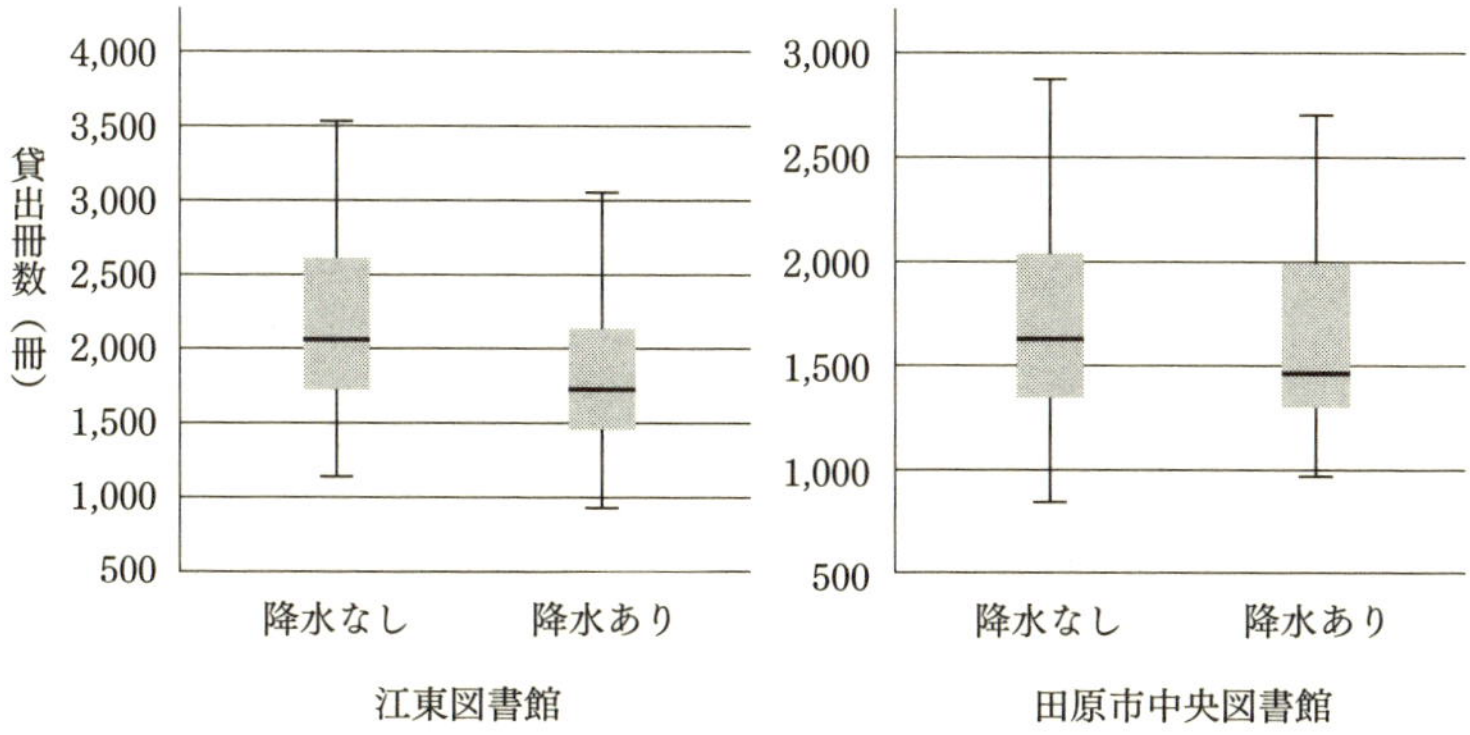

図6－1　降水の有無と貸出冊数の関係

られます。左が江東区立江東図書館、右が田原市中央図書館で、さらにそれぞれの左の箱が雨が全く降っていない日、右が少しでも雨が降った日です。

一見すると、いずれも雨の日のほうが貸出冊数は少ないようですが、江東区立江東図書館ではその差がかなりはっきりしているのに対し、田原市中央図書館では差はわずかです。それぞれの差は統計的に意味があるものなのか、偶然でも出る程度の差なのかを確認したところ、江東区では有意に差がある（偶然とは考えにくい）と確認できたものの、田原市では有意な差はない（偶然でありうる程度の偏りである）ということになりました。いきなり意外な結果ですが、江東区は雨が降ると確かに利用が減るものの、田原市では雨は大して影響しない、といえます。ちなみに念のため、単純な雨の有無のほかに、「少しでも雨が降った日（一日の降水量＞〇ミリ）」「そこそこ降った日（一日の降水量≧三ミリ）」「結構降った日（一日の降水量≧十ミリ）」と雨量の段階ごとの分析もしてみましたが、結果は同様でした。

曜日と祝日は今回の本題ではないので詳細は割愛しますが、ある程度は予想どおりで、両館とも、土・日・祝のほうが圧倒的に貸出が多いです。ただ、平日での曜日ごとの差には傾向の違いがあって、江東区は火・水曜日が多く木・金曜日が少ない、田原市では火・水・木曜日が多く金曜日が少ない傾向にあります（平日月曜日は両館とも休館）。このあたりの結果の理由については今後、検証したいところです。

さらに、これらのデータを「自動線形回帰モデリング（ＳＰＳＳ）」

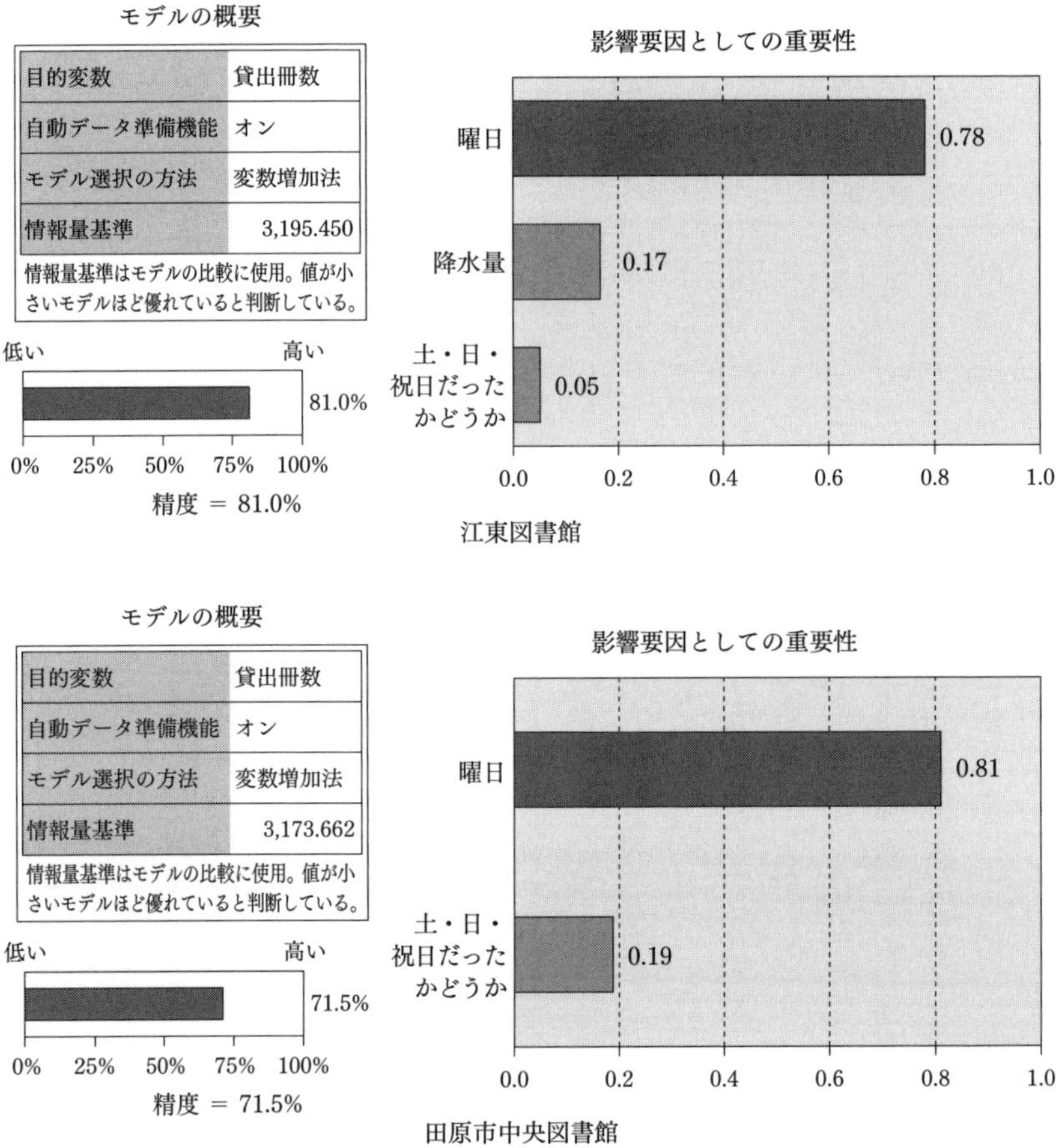

図6－2　天候・曜日による貸出冊数の予測モデル

という統計ソフトに投入し、貸出冊数の予測モデルを作ってみた結果が図6―2です。上が江東区立江東図書館、下が田原市中央図書館の結果で、「影響要因としての重要性」は貸出冊数に影響する要因とその影響の強さの度合いを、「精度」はその予測モデルでどの程度、正確に貸出冊数を予測できるかを示します。

どちらの図でも最も強い影響要因は曜日です。また、土・日に加えて祝日だったかどうかも、これもあまり強くはないものの、貸出冊数の影響要因になっています。さらに、上の図では一日の降水量がそこそこ強めの影響要因としてありますが、下の図には出てきません。つまり、江東区では降水量が天候とは独立して、貸出冊数の影響要因になるものの、田原市では降水量の影響はやはりみられない、という結論になります。

さらに個人的に目を見張ったのは、「精度」の値です。江東区立江東図書館では八一・〇%、田原市中央図書館では七一・五%になっています。「精度」の高低は、予測対象や分野によって全然違う形で解釈されるのですが、それにしても曜日・祝日（さらに江東区では降水量）という単純な要因だけで、精度八一%で貸出冊数が予測できるというのは、なかなかすごいことです。利用者の行動がかなりの程度、パターン化されていると考えられます。そのパターンの形成に、江東区では天候が影響しているわけですが、田原市では特に影響していない、ということになります。

おわりに――あらためて、晴耕雨読にあこがれて……？

そんなわけで、本書はとりあえず雨と貸出冊数の関係を調べたところ、天候は人々の図書館利用に確かに影響はありそうではあるものの、図書館が置かれた環境によってその度合いは大きく変わりうることがわかってきました。

江東区と田原市の結果の違いについて最も自然な解釈は、やはり来館手段の違いではないかと考えられます。

江東区はおもに徒歩や公共交通機関での来館がメインと考えられますが、そういう図書館は、雨が降ると来館するのはおっくうになるわけです。

一方、雨の影響がなかった田原市では、電車やバスによる来館もあるものの、多くの利用者は自家用車で来館すると考えられます。そもそも江東区とは、自家用車の利用感覚も異なるでしょう（田原市に住む人の多くは自家用車での移動が行動の中心のはずです）。そうなると、雨が影響するのは駐車場と図書館の間だけですから、天候には関係なく、使いたいときに図書館を使っているものと考えられます（もちろん、公共交通機関や徒歩、自転車で来館する人は田原市の図書館にもいるはずなので、そうした人についてまったく無視していいわけではありません。そのため、有意な差が出るほどではないものの、雨の日のほうが来館者数が若干少ないのも確かなわけです）。

もっとも、まだ二館だけを調べた結果ですので、今後はもっと多くの図書館で分析していく必要があるでしょう。さらに、今回は考慮に入れていない気温や季節など、さまざまな要因も考慮していけば、ある日の来館者数・貸出冊数を事前予測する、みたいなこともかなりうまく進められそうな手応えが今回得られました。これはぜひ今後、深めていきたいところです。(6)

自分の展望の話はさておき最初の話に戻ると、雨の日には読書をして過ごすにしても、読むべき本が手元にないと、図書館に借りにいくのはおっくうである（特に自家用車ではあまり行かない図書館の場合）、という、まとめてしまうとそれはそうだろう、という結論なのですが……筆者は冒頭に述べたとおり、読むべき本が山になっているので（紙でも電子でも）、それを崩していればよさそうです。

逆にいえば、自家用車での利用が中心の図書館であれば、「雨の日には図書館で（あるいは借り出して家で）読書でもしませんか？」というキャンペーンは的外れではない、といえるでしょう。「晴耕雨読」を前面に出すときは、自館がどちらなのか（もちろん両者混合、というケースもありますので、その場合は自家用車での利用の割合はどの程度なのか）を意識してみるといいのかもしれません。

注

（1）北岡敏郎「地域公共図書館における貸出冊数の変動要因とその算定」「日本建築学会研究報告 九州支部 3 計画系 40」日本建築学会、二〇〇一年、礒矢宗治／大佛俊泰「公共図書館の来館者数変動と立地特性」「学術講演梗概集 E—1 建築計画Ⅰ 各種建物・地域施設、設計方法、構法計画、人間工学、計画基礎」日本建築学会、一九九八年

（2）五十嵐智哉「公共図書館における貸出利用の実態——江東区立図書館の貸出データの分析」筑波大学学士論文、二〇一八年。また、この卒業研究に基づく論文が、*LIBRI* という雑誌に掲載されています。Tomoya Igarashi, Masanori Koizumi and Michael Widdersheim, "Capturing Citizens' Information Needs through Analysis of Public Library Circulation Data," *LIBRI*, 70(2), 2020, De Gruyter, pp. 127-141.

（3）Sho Sato, Takashi Harada, Kanako Tatebe, Yui Izumi, Ayano Suemichi, Momoka Inaba, "Effect of weather and days of the week on number of daily circulation in public libraries," *Library and Information Science Research E-Journal*, 31(1), Elsevier, 2021.

（4）この調査がうまくいかなかったのは、前日に見た天気予報や、当日の朝の天候で人々はその日の行動を決定するので、たとえ三時間前に急に晴れたとしても、それでは図書館に行こう、とは考えないためではないか（すでにほかの行動を開始しているのではないか）と考えています。これは、図書館にかぎらず人々の行動と天候の関係についての幅広い分析から検証していくべきテーマではないか、とも思います。

（5）佐藤翔／建部奏子／泉柚衣／末道礼乃／稲葉百花／原田隆史「公共図書館の日毎の来館者数・貸出冊数を予測するモデルの構築」「図書館界」第七十二巻第六号、日本図書館研究会、二〇二一年

（6）前述のとおり、雑誌掲載に向けて本章のもとになる記事を執筆したあと、大阪府立中央図書館の来館者数を加えた分析も実施しました。さらに千葉県の柏市立図書館でも分析を実施しています。佐藤翔「公共図書館の日毎の貸出冊数予測モデル——柏市立図書館を対象とする分析」「図書館界」第七十四巻第四号、日本図書館研究会、二〇二二年

第7章　どんな図書館がよく使われているのか

はじめに――こういう図書館評価がやりたい

本章は三田図書館・情報学会の「Library and Information Science」誌に掲載した「公共図書館における貸出関数の可用性の再検証[1]」と題した論文に基づいてお話しします。

貸出関数というのは本書を読む多くの人にとって耳慣れない言葉かと思います。図書館の貸出回数（実際には人口あたりの貸出回数、業界では貸出密度と呼ぶ指標を使うことも多いです）について、それに影響を与える要因（説明変数）を考えて、その説明変数から貸出回数を予測する式を作るときその式のことを貸出関数と呼びます。前章で述べた、日ごとの貸出回数を天候や曜日から予測する、というのも一種の貸出関数です。本章では図書館の日々の貸出回数を予測するのではなくて、自治体に関する指標（人口密度や産業構造など）と図書館に関する指標（蔵書冊数や予算、職員数など）から、各自治体の図書館の一年間の貸出回数を予測できないか、ということを考えていきます。

そもそもなんでそんなことがやりたいのか、といえば、図書館の評価方法を開発するためです。やりたいことのイメージを描いてみたのが図7―1です。ある図書館について、その自治体の特性や、図書館へのインプット（予算や人員）の状況から予測できる値と、実測値を比較できるレーダーチャートを作ることを想定しています。これを作ることによって、似たような状況の自治体・図書館に比べてその図書館のアウトプット指標の状況がどうなっているのかがわかります。種々の要因を十分に取り込んだモデルを作ることができれば、この予測値と実測値の差こそが図書館の努力によって変わりうる部分、つまり「評価」に値する部分ということになるのではないでしょうか。

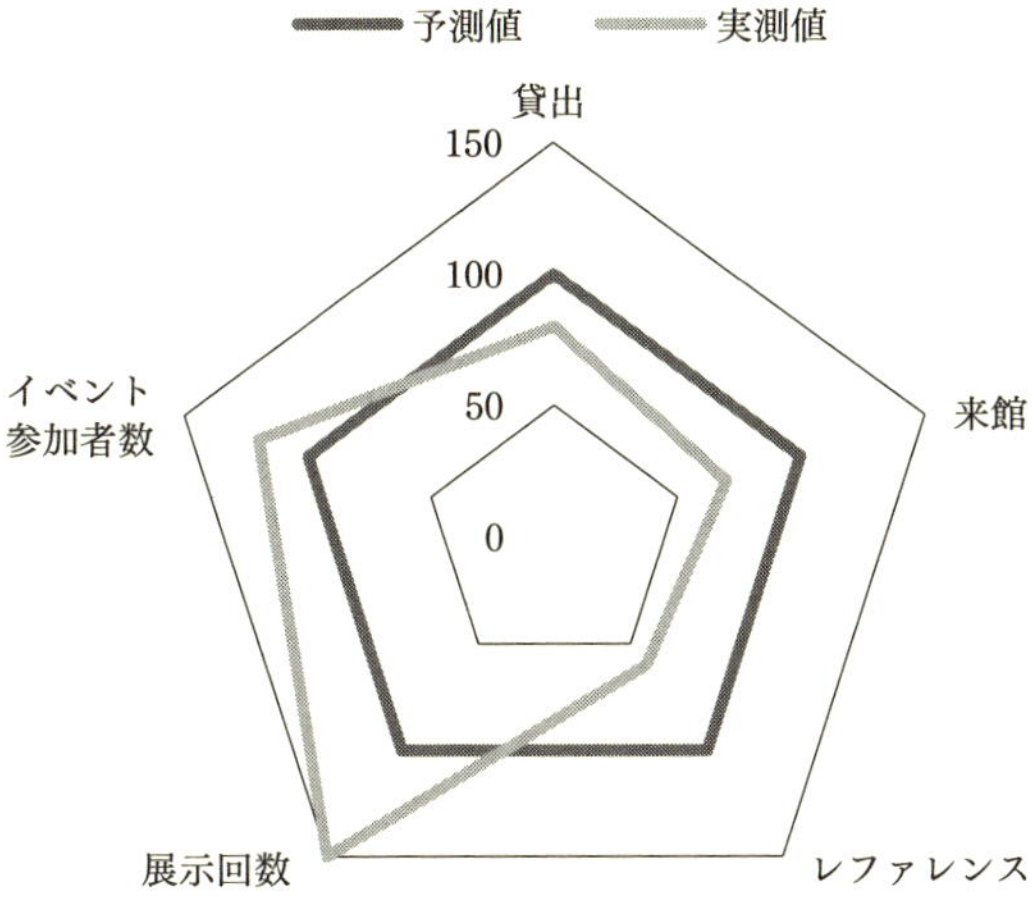

図7―1　こんなレーダーチャートで図書館評価がしたい

この予測／実測の差の可視化を図書館のあらゆるサービスに適用していきたいと考えているのですが、その手始めに、（実は業界内では賛否ありながらも）指標として重視されることが多い貸出に適用できるかどうかやってみよう、というわけです。

1　先行研究――実は一段落した研究？

ところでこの、自治体・図書館の要因から貸出回数を予測する貸出関数の研究は、実はもうかなり以前に一段落したテーマです。一九八〇年代から九〇年代にかけて、慶應義塾大学の岸田和明さんを中心に複数の研究がおこなわれ、その成果は「Library and Information Science」誌に掲載されています。それらの論文では首都圏の市と区[2]、東京都の市と区[3]、大阪府と富山県の市と町[4]について、それぞれの自治体・図書館のさまざまな要因を投入して、人口あたりの貸出回数（貸出密度）を予測することを試みています。このうち、首都圏と東京都を対象にする研究ではいずれもかなり高精度の予測が実現できていて、精度の指標である決定係数や自由度調整ずみ決定係数が〇・七から〇・八と、かなり高い値になっています（どのくらい高ければいいのか、は分野などによって異なるのですが、感覚的には〇・七から〇・八はかなり高めの値です）。具体的にどういった要因が貸出密度に影響するかについては、対象自治体や分析対象年によってさまざまで安定しないのですが、図書館に関する要因（蔵書冊数や職員数など）と自治体側の要因（専門職従事者数など）の双方が式に含まれるという点についてはいずれの場合でも共通していて、一方の要因だけで予測式を構成している事例はありませんでした。大阪府についても同じくかなり高い精度の予測が実現できていましたが、富山県だけ予測精度があまり高くなっていません。これらの結果をもって、岸田和明・佐藤佳子「公共図書館の貸出を説明する関数の重回帰分析による検証」[5]では貸出関数が機能するのは大都市だけではないか、と考察しています。

また、この論文ではそれまでの研究のまとめとして、どの式でも予測に寄与する説明変数が異なるため、このままでは貸出回数がどういう要因で決まるのかを解明するうえでも、実質的な予測としてもあまり機能しないと述べています。そのことは、それまでの研究で採用してきた帰納的アプローチ（とりあえずありうる要因をすべて前提にしてみて、結果がよかったものだけを要因として残す）の限界だと指摘しています。この認識のためか、あるいは単純に精度だけをみるならばそれなりのものが得られたとわかったこともあってか、このアプローチでの研究はその後、あまりおこなわれなくなります。

そんなわけで、実は本章で筆者が取り組むテーマは三十年以上前に一段落し、もう限界ではないか……と指摘されたものであるわけです。しかし筆者は、投入できる変数は全部投入したうえで、ある程度以上の精度での予測が成り立つのであれば、冒頭で述べたような予測値と実測値の比較に使ううえでは十分ではないか、と考えました。とはいえ三十年前におこなわれたままの研究ですし、さらに首都圏と大阪府以外では富山県でしか試されておらず、その富山県ではあまりいい結果が出ていない……という事情もあるので、三十年以上前の式のままで図書館評価に使うのは少し怖い。そこで、

①三十年が経過した現在でも、貸出関数は一定程度の精度を上げられるのか
②三十年前に調査された以外の地域に全国展開することは可能か

の二点について、あらためて検証したい……つまり、貸出関数が使えるのか（可用性）を再検証したい、という、まさに本章冒頭に紹介した論文タイトルどおりのことをやってみたわけです。

2　結果その1——三十年を経ても精度は健在

そんなわけで、手始めに過去に貸出関数の研究がおこなわれたのと同じ自治体について、現在でも精度が高い予測が実現できるのか、検証することにしました。先行研究とまったく同じ説明変数データは用意できなかったのですが、自治体側の要因は国勢調査[6]（二〇一五年）から、図書館側の要因は『日本の図書館』二〇一九年版[7]からデータを取得し、可能な範囲で先行研究と条件をそろえました。予測の対象も先行研究と同じ貸出密度です（これも先行研究にそろえて、児童資料の貸出数や児童人口は分析から除いています）。

以上の条件でモデルを構築した結果の精度と、先行研究の精度（自由度調整ずみ決定係数）を比較したのが表7―1です。先行研究と今回の研究は約三十年以上の時間がたっているわけですが、先行研究と今回の分析の精度は驚くほど近い値になりました。富山県だけ、今回の結果はかなり精度が落ちていますが、これは市町村合併などで一九八五年度当時に比べて市町の数がかなり減ったことも一因でしょう。そのほかは精度の差は大きくても

表7－1　先行研究と今回の研究の再検証結果の比較

	先行研究	今回の結果
首都圏（埼玉県・千葉県・東京都・神奈川県）の市・区（1980年）	0.791	0.798
東京都の市・区（1985年）*	0.820	0.886
大阪府の市・町（1985年）	0.753	0.803
富山県の市・町（1985年）	0.391	0.255

* この研究は自由度調整をしていない決定係数を指標に用いているので、表に示すのも自由度を調整していない決定係数。自由度調整ずみ決定係数よりも高く出る。

〇・〇六程度、首都圏にいたっては〇・〇〇七と、ないに等しい差しかありませんでした。しかも富山県以外のすべてで今回の精度のほうが勝っているので、少なくとも先行研究で一定以上の精度が出ていた首都圏と大阪府については、現在でも変わらず貸出関数は有用である、といえるでしょう。逆に富山県については先行研究も今回も結果がかなり悪かったので、先行研究が指摘していた、貸出関数は大都市でしか有効ではないのではないか、という仮説の信憑性が増してきました。

ちなみに具体的にどの説明変数がモデルに採用されるかについては、多くの場合、先行研究と今回の研究で一致しませんでした。[8] 例えば注（2）に挙げた一九八〇年の首都圏の市区を対象とする岸田和明「公共図書館の利用に影響を与える要因」では、専門職従事者が人口に占める割合や、人口密度が貸出密度に大きく影響するとされていましたが、今回の分析ではこれらはモデルに採用されませんでした。モデルに含まれる説明変数が全く異なるのに精度が近くなるのはなぜでしょうか。それは、前述した「公共図書館の貸出を説明する関数の重回帰分析による検証」で指摘されていた変数間の多重共線性――変数同士の相関がそもそも強いので、モデルにある変数が採用されたとしても、本当にその変数の影響力が大きいためなのか、ほかの変数との相関の結果、たまたまそれが採用されたのかわからない――の問題が大きいと考えられます。しかしこれについては、今回の研究ではあまり気にしないことにしています。

表7－2　全国の市区町村を対象にする貸出密度予測モデル

変数	回帰係数	標準回帰係数	偏相関係数	t	p
雑誌種数	254.475	0.313	0.295	10.537	0.000
専門職従事者の割合	19.84	0.257	0.253	8.947	0.000
資料費	0.001	0.177	0.184	6.39	0.000
第１次産業就業者割合	-0.061	-0.212	-0.216	-7.566	0.000
非労働者の割合	-8.994	-0.155	-0.19	-6.604	0.000
図書館密度	4.402	0.145	0.163	5.638	0.000
蔵書数	0.115	0.172	0.183	6.364	0.000
開館時間	0	0.061	0.077	2.646	0.008
職員1,000人あたり人口	0	-0.173	-0.169	-5.845	0.000
図書館面積	0	0.248	0.166	5.741	0.000
図書館数	-0.085	-0.099	-0.082	-2.805	0.005
管理職従事者の割合	-20.52	-0.05	-0.065	-2.212	0.027
重相関係数	0.705				
決定係数	0.496				
自由度調整ずみ決定係数	0.491				

3　結果その２――単純な全国展開は微妙？

先行研究でうまくいっていた地域については、約三十年以上たった現在も変わらず貸出関数は有効であることがわかりました。では単純に、地域を限定するのではなく、全国の市区町村に拡張するとどうなるのかを次に検証したのですが、結果はかなり微妙でした。表７―２に全国の市区町村を対象にする予測モデル構築の結果を示していま す。どんな変数が含まれるかなどはさておき、精度を示す自由度調整ずみ決定係数は〇・四九一で、首都圏限定モデルや東京都限定モデル、大阪府限定モデルに比べてかなり低い値です。

地域を限定すると精度が上がる理由について、先行研究では国勢調査のデータなどには表れない、自治体ごとに異なる要因が何かしら存在していて、その要因は地域を限定すれば、ある程度はならすことができるからだろうと推察していました。つまり、地理的に近い自治体間では似たような状況になっているけれど、遠方では異なる、何かしらの図書館利用に関する要因があるのではないかということで、思いつくところでは都市化の状況や交通事情、教育の状況などが考えられます。人口密度や各産業従事者数、専門職従事者数などのデータは投入しているわけですが、単なる人口密度などとしては表れない要因が――例えばその自治体自体の人口密度は低いけれど、東京に電車一本で出られる、とか――何かしらあるだろう、というわけです。

ということは、首都圏など以外でも、地域の範囲を限定して分析すれば、全国をまとめて分析するよりもいい結果が得られるだろう、と単純には考えられます。しかしこの単純な予想が裏切られて、それがなぜなのかよくわからなくなった、というのが、実は今回の研究の本題だったのです。

4　結果その3――貸出関数が使い物になる地域とならない地域の違いがわからない

地域の範囲を限定するといっても、都道府県単位にまで絞ってしまうと、富山県の場合のように含まれる自治体数が少なすぎてあまりうまくいかないかもしれません。そこである程度の数の自治体が含まれる地域分けの方法として、都道府県を北海道、東北、関東、中部、近畿、中国、四国、九州の八つに区分し、それらの八地域ごとにモデルを作ることにしました。自治体の種類は市と特別区に限定しています。

モデルに含まれる具体的な変数などの話は例によってあまり重要ではないので、各地域の予測精度（自由度調整ずみ決定係数）と、含まれる自治体数などだけを抜き出して示したものが表7―3です。

もともと首都圏だけの分析で高い精度だった関東については、北関東三県（群馬県・栃木県・茨城県）を加えた場合もさほど精度を落とすことなく、ある程度いい結果が出ました。これは予想どおりだったのですが、そのほかの結果がまったく予想外でした。まず北海道については精度〇・一八六と結果は非常に悪く、この時点では先

表7－3　地域ごとの貸出関数の予測精度

	北海道	東北	関東	中部	近畿	中国	四国	九州
自治体数	28	67	179	151	119	49	34	106
精度	0.186	0.608	0.741	0.435	0.586	0.395	0.812	0.474

行研究で指摘されていたとおり、「やはり大都市以外ではうまくいかないのか……」と考えました（北海道にも札幌市はありますが）。しかし北海道と同様、仙台市を擁するとはいっても地域内の自治体の多くは大都市とはいいがたい東北地方については精度〇・六〇八と、八地域中三番目に高い結果が出ました。三大都市圏のうちの名古屋を擁する中部地方は、甲信越が含まれるなどの地域分けの問題もあって精度が高くないのはわかります。ただ、比較的狭い範囲に都市圏が完結している近畿地方よりも東北のほうが精度が高いとなると、なんだかよくわからなくなってきます。極め付きは四国で、関東よりも精度が高いどころか、今回の全分析のなかで最も高い精度である〇・八一二となりました。ここにきて「大都市のほうが精度の高い予測ができる」という仮説は完全に崩壊したのです。それでいて中国地方や九州はあまり精度が高くないので、もう何がなんだかわかりません。単純にモデルに含まれる自治体の数の問題かといえば、東北や四国は少ない自治体数ですが高い精度が出ているわけです。

この結果をどう解釈すればいいのか、というのが現在このテーマの研究での最大の問題点でして、今回発表した論文ではいろいろ言葉を変えて表現していますが、要は「なんかよくわからない結果が出たので知恵を貸してくれ」ということを述べています。われながらそんな結論の論文ありでしょうか。ただいずれにせよ、先行研究で貸出関数を使って高い精度の予測ができていたのは、最初に精度が高い地域（関東）を選んだからであって、もし地域を区切って研究したとしても最初に北海道や中国地方を対象にしていたら、あまりよくない結果になっていたのではと推測できます。「可用性」、つまり使い物になるかの再検証という研究目的に照らし合わせると、先行研究で使い物になっていた地域では使えるけれど、全国展開するには微妙である。ほかの地域で使い物になるとはかぎらない、しかも使い物になる地域とならない地域の違いはよくわからない、というわけです。

おわりに——要因Xはなんなのか？

ある地域では貸出関数は使い物になるが、別の地域では使えない。このことは、ある地域では自治体間にあまり差がないので考慮しなくてもいいが、別の地域では自治体間に差があり、しかも図書館の貸出に影響を与えるので、考慮しないと貸出関数が成り立たない、なんらかの要因があることを示唆しています。今回の論文ではこれを要因Xと名づけ（少し格好つけすぎた気がしています）、貸出関数を使い物になるようにするためには要因Xの特定が急務である、と述べました。

それでは要因Xとは具体的になんなのかについては、論文のほうでは「紙数が尽きたので」これからやります、としておいたのですが、いくつか思いつく候補はあります。図書館の利用に影響しそうで今回の論文の分析に含んでいないものというと、例えば自治体側の要因では住民の年齢構成や教育状況とか、図書館側の要因では貸出冊数の上限とかです。あとは、そもそも地域の区分の仕方に問題がある可能性もあって、少なくとも中部地方や中国地方は見直しの余地がありそうです。さまざまな可能性があるので、これからどんどん検証していきたいと考えています。

ちなみにすぐに思いつく貸出冊数の上限については、二〇二一年度に学生たちと一緒に調査・分析をしています。まだ公表していないので詳細は省きますが、貸出密度に一定の影響はあるものの、それだけで地域差を説明できるほどではない、つまり要因Xとはいいがたい、という結論を得ています。そのほかにも「こんな要因があるのではないか」など、何か思いつく人はぜひ提案してください。

本当は貸出冊数について、ある程度うまくいく予測モデルが完成したら、あとはこれをレファレンス・サービスや展示などにどんどん拡張していくつもりだったのですが、そううまくはいかないものです。レーダーチャートツール完成の日はほど遠いようです。

注

（1）佐藤翔／一橋ひなた／岡野真依／川地美稲／上嶋由莉／原田隆史「公共図書館における貸出関数の可用性の再検証」、三田図書館・情報学会編「Library and Information Science」第八十六号、三田図書館・情報学会、二〇二一年

（2）岸田和明「公共図書館の利用に影響を与える要因」、三田図書館・情報学会編「Library and Information Science」第二十四号、三田図書館・情報学会、一九八七年

（3）春日部千絵「公共図書館の利用要因の時系列的分析」、三田図書館・情報学会編「Library and Information Science」第二十八号、三田図書館・情報学会、一九九一年

（4）岸田和明／佐藤佳子「公共図書館の貸出を説明する関数の重回帰分析による検証――大阪府および富山県を対象として」、三田図書館・情報学会編「Library and Information Science」第二十九号、三田図書館・情報学会、一九九二年

（5）同論文

（6）総務省統計局統計調査部国勢統計課「平成27年都道府県・市区町村別の主な結果」「e-Stat」(https://www.e-stat.go.jp/stat-search/files?page=1&layout=datalist&toukei=00200521&tstat=000001049104&cycle=0&tclass1=000001049105&stat_infid=000031594311&tclass2val=0)［二〇二四年五月二十四日アクセス］

（7）日本図書館協会図書館調査事業委員会／日本の図書館調査委員会編『日本の図書館　統計と名簿　２０１９』ＣＤ－ＲＯＭ版、日本図書館協会、二〇二〇年

（8）東京の市区を対象にする前掲「公共図書館の利用要因の時系列的分析」の再検証については、強制投入法という分析者が選択したすべての説明変数を強制的にモデルに盛り込む手法を用いているので、変数は当然一致していますが、具体的にどの変数の影響力が強いかはやはりあまり一致していません。

第8章 人はどのタイミングで図書館を使うようになるのか

はじめに

本章の内容は、千葉県の柏市立図書館から引き受けたデータ分析の委託事業に基づくものです。柏市は二〇一九年二月に、アカデミック・リソース・ガイド（ARG）社の支援を受けて「柏市図書館のあり方(1)」という、今後の図書館像・運営理念や方針を示す文書を策定しました。そのなかで、資料収集方針の見直し、新刊やベストセラー書籍などの複本の大量所蔵の見直しなどの課題にもふれています。そうした方針などの見直しに必要な洞察を、現在すでにあるデータから導き出せないものだろうか、という相談を受け、筆者が協力することになったわけです。一〇年半ばから現在までの、所蔵資料、貸出・予約、そして利用者データ（もちろん個人を特定できる情報は削除したもの）の提供を受け、さまざまな観点から分析してみる……というものです。最終的には、七十七ページに及ぶデータ分析報告書を提出するにいたりました。普通に修士論文くらいの分量があって、書き終わってから、われながら若干驚きました。これを全部読まなければならない柏市のみなさんにはかえって申し訳なかった気もします。

　その報告書は公開されるかわかりませんが（本書執筆時点では特に公開はされていないようです）、導き出した知見については研究に利用してもかまわないといわれていて、今後論文などとしての体裁を整え、あるいは本書のもとになっている雑誌連載のなかでも発表していければと考えています（第6章でふれたとおり、そのうちの一部は天候と貸出の関係として論文にしました）[2]。そのなかでもここで取り上げるのは、これまであまり注目したことがなかった、新規利用登録者の利用動向についてです。

1　新規登録者ってどんな人？

　公共図書館というものは誰にでも開かれた施設なので、誰でも（例えばその自治体の住民でなくても）ふらっと入って利用することができますが、本を借りる際には住所や連絡先などの情報を提供する利用登録が必要なのが一般的です。「どのようにして新たな利用者を開拓するか」というのは公共図書館共通の課題だと思いますが、実際に新規に利用登録をする人物にはどんな特徴があるのか、どんな資料・サービスに興味があるのか、そしてそのまま利用者として定着してくれるのか……ということについては、例によって意外なことにも、あまり研究として分析されていなかったようです。こうした分析には利用者を識別するデータが必要になるので、従来であればそうした条件のため不可能だった、ということはあるかもしれません。今回の場合は、現実の個人を特定できないように情報にマスクをかけながらも、個々のユーザーを分けて処理でき、かつ年齢や利用登録日の情報は残した状態でデータを提供してもらうことができたため、新規登録者の傾向についてのさまざまな知見を得ることができました。

　ちなみに利用登録の詳細は自治体によってさまざまですが、柏市の場合、資料を貸出する場合などに利用登録

表8—1　新規利用登録者の推移

	新規登録者数
2017年	9,266人
2018年	8,915人
2019年	8,686人
合計	26,867人

が求められ（市内に在住、通勤・通学もしくは隣接市に在住していれば登録可）、三年に一度、更新が必要になります。三年間一度も貸出がなかった場合、利用登録は失効します。失効した利用者のデータは削除されるので、自分が提供を受けたデータの範囲でいうと、二〇一六年以前の登録者で三年以上貸出をしていない人は、データ自体が消えている、ということになります。登録後にあまり利用していない人も含めて、完全なデータを分析できるのは一七年以降の登録者に限定されるので、新規登録者の分析では一七年以降の登録者を対象にしました。

表8—1が二〇一七年以降の柏市立図書館の新規登録者数です。柏市には本館・分館合わせて十八の図書館があり、二〇年二月時点で登録が抹消されていない個人利用者は全体で七万三千八百十八人でした。これに対して、毎年八千六百人から九千二百人程度の新規登録があるわけなので、一一%から一二%程度の利用者が入れ替わっていると考えられます。ちなみに、柏市の人口は四十三万千二百九十五人（二〇二〇年四月一日現在）なので、通勤・通学や近隣市の登録についていったん無視すれば、人口の一七%程度が利用登録していて、人口の二%前後が毎年、新規に利用登録している、ということになります。

さらに、毎年の新規利用登録者の年代分布をみたのが表8—2です。最大のボリュームゾーンは十歳未満の子どもで、全体の一九%以上を占め続けています。二〇一九年の柏市統計(3)のデータから計算すると、十歳未満の子どもは全人口の八・六%にとどまるので、新規登録者に占める十歳未満の割合は、人口比の二倍以上、ということになります。次いで新規登録が多いのは三十代ですが、十歳未満の子どもの保護者が子どもの登録に合わせて登録することが多いためではないかと推測できます。四十代もその次に多いですが、これも親世代が多いことが理由だと推測できます。つまり新規登録者のかなりの部分は、初めて利用登録する子どもとその親だろうといえます。これは、柏市の貸出のボリュームゾーンの年代とも合致しています。

子ども・親世代の次に新規登録が多いのは、十代から二十代、そして六十代です。五十代と七十代以上では新

表8―2　新規利用登録者の年代分布

	2017年		2018年		2019年	
	人数	%	人数	%	人数	%
10歳未満	1,803	19.5	1,703	19.1	1,688	19.4
10代	1,078	11.6	965	10.8	918	10.6
20代	976	10.5	979	11.0	826	9.5
30代	1,671	18.0	1,687	18.9	1,650	19.0
40代	1,364	14.7	1,273	14.3	1,258	14.5
50代	634	6.8	662	7.4	662	7.6
60代	947	10.2	853	9.6	826	9.5
70代	631	6.8	620	7.0	672	7.7
80代	156	1.7	162	1.8	179	2.1
90歳以上	6	0.1	11	0.1	7	0.1
合計	9,266	100.0	8,915	100.0	8,686	100.0

規登録は落ち込みます。このうち六十代が多いのは予想どおりで、貸出冊数でみてもやはり六十代利用者はボリュームゾーンを成しています。一方、十代から二十代は柏市で（そしておそらく全国の公共図書館でも）最も利用が低調な年代なので、新規登録が結構あるというのは意外な結果でした。

年代構成をみるかぎり、出生、進学（転居や通学先の変化）、卒業・就職、出産・育児、そして定年退職というライフステージの変化のタイミングで、新たに柏市立図書館の利用登録をすることが多い、といえそうです。「それはそうだろう」という結果ではありますが、次の話題とつなげて考えると、この知見は重要になってきます。これらの新規登録者は、そのまま図書館利用者として定着するのでしょうか。

2　新規登録者はそのまま定着するのか？

表8―3に、二〇一七年から一九年までの新規登録者が、一七年から一九年までの間に資料を一冊以上借りたか（借りた者の人数・割合）、また貸出回数の平均値・中央値を示しています。いずれの年でも当然ながら、登録した年には九〇％近い利用者が一冊は資料を借ります。借りないならそもそも

表8－3　新規登録年と貸出状況の推移

		2017年	2018年	2019年
2017年新規登録	平均貸出回数	18.6	20.9	16.6
	中央値	7	0	0
	1冊以上利用人数	8,167	4,500	3,524
	1冊以上利用割合	88.1%	48.6%	38.0%
2018年新規登録	平均貸出回数		18.4	21.8
	中央値		7	0
	1冊以上利用人数		7,954	4,238
	1冊以上利用割合		89.2%	47.5%
2019年新規登録	平均貸出回数			19.2
	中央値			7
	1冊以上利用人数			7,794
	1冊以上利用割合			89.7%

登録の必要はないので当たり前の数字です（それでも一〇％は登録はしても借りていませんが）。しかし一七年・一八年の登録者の、登録翌年の状況をみると、翌年の時点で一冊以上資料を借りた人の割合はすでに四七％から四八％で、言い換えれば、過半数は一冊も借りない状態になっています。翌々年のデータもある一七年登録者については、一九年にはさらに減って、六〇％以上の利用者が一冊も資料を借りなくなっています。これらの利用者の多くは、二〇年には「三年間で一度も資料を借りなかった」という条件に引っかかり、登録を抹消されたことでしょう。

さらに二〇一七年の登録者に限定して、年代と一冊以上資料を借りた人の割合の推移を示したものが表8―4です。年代別にみると、十歳未満の子どもは利用継続者が多く、登録の翌年でも三分の二、翌々年でも過半数の利用者が一冊は資料を借りています。その親世代（三十代）も比較的定着率が高いものの、翌年の時点で五〇・一％とぎりぎり過半数、翌々年では約四二％にまで減少します。ほかの年代はすべて、登録翌年の時点ですでに一冊以上借りた人の割合が半数を割り、特に十代と二十代では四〇％を割っています。十代と二十代については、翌々年にいたっては二二％にまで落ちていて、登録者の五人に四人は登録後二年で定着せず、図書館で本を借りなくなっています。

新規登録者の大半は基本的に図書館利用者として定着せずに離脱していくといえますが、年代つまりライフステージによって定着・離脱の割合は大きく変わるわけです。現状、柏市では子どもの新規登録者はある程度定着し、その親もほかの年代よりは定着しています。とはいえ、子どもに比べると親世代の定着率は低い傾向にあります。一方、定着に最も失敗しているのは十代と二十代です。この世代はそもそも、学習や部活動・サークル活動、あるいは新卒のタイミングにあるために初めて対応しなければならないことが多いなど、図書館に赴く時間があまりないことや、学校図書館や大学図書館というほかの選択肢があるために公共図書館をあまり使わなくなるようです。とはいえ登録者が結構いるということは、ライフステージが変化した当初の段階では公共図書館を使う意欲はあったものの、その後には定着できなかった人々ともいえます。前述の事情を考えれば定着は難しいかもしれませんが、惜しい状況であることも確かです。

表8－4　利用者の年代と1冊以上資料を借りた利用者の割合（2017年登録者）

	2017年	2018年	2019年
10歳未満	90.0	66.1	55.5
10代	84.5	37.6	22.1
20代	86.9	34.5	22.1
30代	89.2	50.1	42.2
40代	90.0	47.7	37.0
50代	90.2	45.9	35.2
60代	86.0	46.5	40.3
70代	87.0	44.2	33.1
80代	81.4	43.6	28.8
90歳以上	100.0	16.7	0.0

さらに、定着する人々（定着層）と定着せず離脱する人々（離脱層）では、借りる資料の傾向も異なることがわかりました。表8―5に二〇一七年新規登録者を、年代と一九年の時点での利用の有無（利用がある＝定着層、利用がない＝離脱層）に分けたうえで、登録した一七年に借りた資料を分類した結果を示します。柏市は小説とその他のジャンルの本とを分けて記録しているので、分類は小説と〇から九類（ノンフィクション）に大きく分けて示しました（子どもが借りる絵本や、本のほかのメディアはここでは除外します）。年代も分けたのは、そもそも年代によって借りる資料に差があるので、年代、資料の分類、定着・離脱の関係を整理するためです。

表8−5　2017年新規登録者のその後の定着・離脱と分類ごとの17年平均貸出回数

		小説	0−9類合算
10歳未満	定着	5.4	6.6
	離脱	2.2	3.8
10−20代	定着	5.2	8.1
	離脱	1.7	3.9
30−40代	定着	3.5	10.6
	離脱	1.6	4.9
50代	定着	7.7	13.6
	離脱	1.5	4.9
60歳以上	定着	10.6	11.2
	離脱	2.9	4.1

全体に定着層は当然ながら、離脱層よりも貸出回数が多い傾向にあるのですが、ノンフィクションの貸出回数の差がおおむね二、三倍であるのに対して、小説の差は五十代から六十代では四、五倍と、ノンフィクションより大きくなっています。柏市立図書館で定着しやすいのは、単によく資料を借りるだけではなく、より多くの小説を借りる人である、といえそうです。

おわりに

柏市立図書館のデータから、以下のことがわかりました。

①新規登録は出生・出産、卒業・進学、就職・退職というライフステージの変化に伴い増える。

②新規登録者の三分の二近くは定着しない。ただし年代によって定着状況には差があり、十歳未満の子どもは定着率が高いが、十代と二十代の若者は極端に定着率が低い。

③利用が定着する人のほうが当初からよく資料を借りている傾向があり、特に小説を借りる人で定着層と離脱層の差が大きい。

あくまで一図書館のデータに基づく結果なので、どこまで一般化できるかはこれからさまざまな図書館で検証していかなければいけないのですが、検証していくべき仮説を示すものとしてはなかなか興味深い結果が出たように思います。ライフステージの変化が図書館のアピールのタイミングになるので、ブックスタート（乳・幼児検診など、自治体がおこなう親子が原則参加するイベントで、読み聞かせ用の絵本を配る事業。図書館主催の場合、あわせて利用案内などもすることが多い）などはもちろんですが、市内への進学・就職者などにうまく周知するというのも利用者の新規開拓には有効なようです（もっとも、その後あまり定着しないことについては改めて解決しなければいけませんが）。また、小説をよく借りる人が定着するのは、今回の結果だけでは「柏市が小説以外の本の利用者にアピールしきれていない」「そもそも図書館（特に貸出サービス）には小説を多く読む人のほうが魅力を感じている」、あるいは「いわゆる読書家が図書館をよく利用していて、読書家で小説を読まない人間はあまりいない」という可能性のうちどれが影響しているのか、それともこれらのどれでもない理由があるのかはっきりしません。ただ、このことが柏市にとどまらない傾向であるとすれば、図書館像・図書館利用者像のよりクリアな理解につながるテーマになりそうです。

注

（1）柏市教育委員会「柏市図書館のあり方」柏市教育委員会、二〇一九年（https://www.city.kashiwa.lg.jp/documents/5877/20190222arikata.pdf）［二〇二四年五月二十四日アクセス］

（2）前掲「公共図書館の日毎の貸出冊数予測モデル」

（3）「柏市統計書エクセルデータ」「柏市」（http://www.city.kashiwa.lg.jp/soshiki/020800/p008853.html）［二〇二四年五月二十四日アクセス］

第9章
図書館を使っているのはどんな人々なのか

1　世の中には七種類の図書館利用者がいる

①貸出中心・都市図書館利用者
②貸出中心・地方図書館愛好者
③場所としての図書館利用者
④子どもの図書館利用同行者
⑤情報拠点・コミュニティー基盤としての図書館愛好者
⑥消極的図書館利用者
⑦非定型利用者

の、七種類である。

……いきなり何をいいだすのかと思われるかもしれませんが、これには深い事情があります。図書館情報学というのは、数ある学問のなかでもとりわけ実学寄りの分野なので、自分の興味・関心にのっとって研究を進めるのとは別に、特定のテーマについて講演や研修会などで話したり、雑誌に特集記事を寄稿したりしてほしいと声をかけていただくことがしばしばあります。ときにはそれぞれ別のところから依頼されたテーマが重なっている、ということもありまして、本章のもとになった雑誌連載を執筆した二〇一七年の夏には、「図書館（あるいは類縁機関）の利用者理解」に関する依頼を複数筋からいただきました。

　図書館の利用者行動や利用者のニーズ・意識について理解する手法にはいろいろあるわけですが、そのなかでも質問紙を使う調査（いわゆるアンケート調査）の例として、筆者がよく紹介するのは、国立国会図書館（ＮＤＬ）が二〇一四年に実施した「図書館利用者の情報行動の傾向及び図書館に関する意識調査」[1]（ＮＤＬ情報行動調査）です（その後、本書の刊行までに二〇一九年、[2]二〇年[3]にも同様の調査がおこなわれています）。全国五千人を対象にした、図書館の利用や図書館への意識に加えて、さまざまなメディアの利用行動なども尋ねるオンライン調査です。タイトルには「図書館利用者」とありますが、図書館を使っていない人も回答者に含まれています。ＮＤＬが例年実施する「図書館及び図書館情報学に関する調査研究」の一環でおこなわれたものですが、ＮＤＬ情報行動調査の特徴は、調査結果については単純集計や年齢、地域別などの簡単なクロス集計の結果を示すにとどめる一方、集計前のデータ（いわゆる生データ）を公開し、その自由な利用を認めているところにあります。「データは用意したので、踏み込んだ分析がしたい人は各自でどうぞ」というスタイルで、これ幸いと筆者もさまざまな研究でこのデータを使わせてもらっているわけです。

「ミュージアムと高齢者の互恵的関係」研究会というところで、このデータを使った分析結果を報告したことがあります。博物館・美術館などを利用している高齢者は、あらゆる利用者グループのなかで最も文化的アクティビティーが高い……という話をしたのですが、会の終了後、近畿大学（当時）の田窪直規さんから、「博物館・美術館などを利用する高齢者、というグループだけを切り出してほかの利用者と比較しているが、「図書館を利用する高齢者」「スポーツをする高齢者」などのグループと比べる必要もある、ということにならないか」という質問をされました。

これは実は痛いところで、こうした分析をするときにどういう利用者層を切り出してほかの人々と比べるか、というのは分析者の選択にかかっていて、多分に恣意性が入り込みます。かといって考えられるあらゆるグループを切り出すというのも現実的ではなく、どうしても研究の目的に応じて、あるいはみてみると面白そうな利用者グループを設定して分析する、ということになりがちです。

グループ設定の恣意性を排除するには、回答の類似性などから、グループ分け自体をデータに基づいておこなう、クラスター分析（クラスタリング）を使うという方法がある、ということは知りながら、長いこと手をつけていませんでした。「いい機会だし、このあたりでひとつやってみるか」と思って分析してみた結果が、冒頭の七種類、というわけです。

2　図書館利用者のクラスタリング――アメリカでの先行事例とＮＤＬ情報行動調査への適用

図書館利用者をクラスタリングしよう、というテーマには先行研究があり、アメリカのピュー財団の研究部門が二〇一四年に、質問紙調査の結果をクラスター分析にかけることで、図書館利用者グループの類型化を試みる、というまったく同じ研究[4]をおこなっています。というより、もともとはこのピュー財団の調査に触発されて、その日本版をやってみよう……というのがＮＤＬ情報行動調査の意図でもありました。しかし、集計ではクラスタリングにまで踏み入ることはせず、データ公開後も特に誰も手をつけないままになっていました。

ピュー財団の調査では、図書館などの利用に関する質問紙調査の結果について、まず回答者を、図書館を使ったことがある人とない人に分けたうえで、利用経験者／非経験者それぞれをさらにクラスタリングしています。

図書館利用者については、「コミュニティーにとっての公共図書館の重要性」「自身や家族の図書館利用」「自身の図書館・サービス利用経験」「図書館の利用目的」「最寄りの図書館へのなじみ深さ」「公共図書館の近さ」「公共図書館に対するネガティブな印象・経験」に関する二十五の設問の回答を、まず主成分分析にかけて七つの得点にまとめたうえで、その七得点を使ってクラスタリングをおこなっています。

何をいっているのかわからないという人も多いでしょう。詳細はピューの調査本文を読んで、といいたいところですが、分析手法については読んでもよくわからないと思うので、「どうやらそういう分析があるらしい」と思っておいてください。誤解を恐れずわかりやすく表現すれば、利用者のクラスタリングに使えそうな設問が多すぎるので、それらの設問への回答結果を指標にまとめるために計算したところ、七種類まで減らすことができた、ということです。そして、その七指標について回答者それぞれの得点を計算したうえで、得点の類似度でクラスタリングをおこなったところ、「図書館大好き人間（Library Lovers）」「情報雑食人間（Information Omnivores）」「中心グループ（Solid Center）」「紙の本大好き人間（Print Traditionalists）」「私はもう結構です派（Not for Me）」「若くて落ち着きがない人々（Young and Restless）」「図書館に行けない人々（Rooted and Roadblocked）」の七種類に分けることができた、とされています（そのほかに、図書館を使わない人として、「行かないけど敬意は払っている人々〔Distant Admires〕」「孤独な人々〔Off the Grid〕」の二種類があるそうです）。クラスタリングの結果、出現したクラスターにどんな名前をつけるかは分析者次第ですし、「中心グループ」なんてどうみても名前のつけようがなかったんだろうとも思いますが、それなりに面白い結果です。

これと同じことをNDL情報行動調査のデータでやればいいではないか、楽にできそうだ……と思ったのもつかの間。ピュー財団の調査を土台にしながらも、日本でやるからにはとアレンジを加えていた結果、ピュー財団とNDLで完全に一致する項目がないケースが多発しました。仕方がないので、今回の分析では図9―1に挙げた八設問、複数回答設問を考慮すると二十九項目を、主成分分析とクラスタリングに利用することにします。また、ピュー財団の調査では「最近は使ってないけど昔は図書館を使っていた人」も図書館利用経験者グループに

居住地の都市規模（回答者の答えた地域から特定した）

Q24. あなたが公共図書館もしくは移動図書館を利用する主な目的について、あてはまるもの全てを選んでください。
1. 図書、視聴覚資料やその他の図書館資料を借りる／返す
2. 図書、雑誌、新聞などを図書館で閲覧する
3. 図書館で勉強する／仕事をする
4. 図書館で録音資料を聞く、ビデオや映画を観る
5. 図書館のパソコンを利用する
6. 展示やイベント（講演、映画上映会、ワークショップなど）に参加する
7. 研修プログラムに参加する
8. 図書館員に支援、情報、示唆を求める
9. 子どもの図書館利用につきそう
10. その他（具体的に：__）

Q28. あなたはこの1年間（2014年1月～12月）で公共図書館のウェブサイトを利用したことがありますか。（利用した、過去1年より前に利用した、利用したことはない、の3択）

Q31. 公共図書館に関する以下の1～6の意見について、あなたのお考えを選んでください。（非常にそう思う～全くそう思わない＋わからない、の5段階）
1. 公共図書館では、無料での資料の閲覧や、インターネットの利用などができるので、全ての人に平等な機会を与えるのに重要な役割を果たしている
2. 公共図書館には、最新の情報技術が取り入れられていない
3. 必要な情報の多くは自分で探せるようになったので、公共図書館は以前ほど必要とされていない
4. 公共図書館は他で探すための手段がない人に多くのサービスを提供している
5. 公共図書館は、読書好きや教養を育むため、重要である
6. 公共図書館が近くにあることで、その地域の生活の質が向上する

Q32. もしあなたの住む地域の公共図書館が閉鎖されたら、あなたやあなたの家族にとって何らかの好ましくない影響があると思いますか。（大きな影響がある～わからない、の5段階）

Q33. もしあなたの住む地域の公共図書館が閉鎖されたら、地域にとって何らかの好ましくない影響があると思いますか。（大きな影響がある～わからない、の5段階）

Q34. 公共図書館に以下の1～8のサービスがあるとすれば、あなたやあなたの家族にとって、どのくらい重要であるとお考えですか。
1. 本やCDなどの無料の貸出
2. 仕事や学習に関する情報の提供
3. インターネットやパソコン、プリンタの提供
4. 読書や勉強をするための場所の提供
5. 講習会や展示会など、イベントの提供
6. 図書館員による調べもののサポート
7. ウェブサイトでの蔵書目録などの情報提供
8. 子ども向けのサービスの提供

Q35. あなたの最もよく利用する公共図書館について、最もよくあてはまるものを選んでください。（素晴らしく、快適な場所～わからない、の5択）

図9－1　主成分分析に投入した項目・設問

入れているのですが、図９―１の項目には「過去一年間に図書館を使った人」しか回答していない設問があるので、今回の分析はとりあえず「過去一年間に図書館を利用したことがある人の類型化」ということにしました。それ以外の人々については、近日中に論文(5)にでもまとめようと思うので、しばしお待ちください。

ＮＤＬ情報行動調査で、過去一年以内に図書館の利用経験があるとしている人は千九百八十二人でした。その千九百八十二人について、まず図９―１の各項目に関する主成分分析をおこないます。手法の詳細については本章では省きますが、図９―１の二十九項目から七つの指標（くしくもピュー財団と同数）を導き出すことができました。この七指標と、図９―１の全項目の関係を表にまとめ（項目数が多すぎるので掲載は省きます）、どの指標がどの設問と関係が深いのかを確認していきます。表とのにらめっこを続けた結果、今回導かれた七指標に以下の名前をつけました。

・指標１：図書館の滞在型利用への期待
・指標２：図書館の価値に対する認識
・指標３：貸出サービス以外の図書館利用状況
・指標４：情報へのアクセス手段としての図書館への認識
・指標５：図書館の滞在型利用状況
・指標６：都市生活者
・指標７：非定型図書館利用

この七指標を用いて、ピュー財団と同様に図書館利用者を七つのクラスターに分けていきます。クラスタリング手法の詳細についても省きますが、ウォード法と、ユークリッド平方距離を用いて分類していきます。ところで、クラスタリングで分けるクラスター数をいくつに設定するかについては大いに恣意的になりうるのですが、今回はその恣意性はあまり意識していません。問題設定が恣意的にならざるをえないので、研究から恣意性を完全に排除することなど不可能だと考えました。

それでは、クラスタリングの結果出てきた、七つのクラスターそれぞれについて、以下に詳細をみていきましょう。各クラスターの特徴をみる際には、図9―1に挙げた質問項目のほかに、クラスターに属する人々の傾向を把握するため、以下の項目も分析しています。

・公共図書館の利用頻度
・回答者の属性情報（年齢、性別、世帯年収、職業、学歴、家族構成、居住地の都市規模）
・居住する地域への居住年数、地域への愛着、地域活動への参加状況
・テレビ、ラジオ、新聞、本など、各メディアの利用頻度
・一年間の読書量
・博物館・美術館、観劇・コンサート、スポーツ（参加・応援）、書店来訪などの文化的アクティビティーの頻度

①貸出中心・都市図書館利用者

六百五十四人が属する最大クラスターです。年齢、性別、世帯年収、職業、学歴、家族構成などの属性に大きな特徴はありませんが、居住地は政令指定都市あるいは東京特別区という、大都市圏居住者の割合が突出して高くなっています。自分が住んでいる地域に対して平均的な愛着は感じていますが、都市生活者だけあって、地域活動などへの参加は低調です。

図書館の利用頻度は、分析対象者千九百八十二人のなかでは平均的でした。図書館の利用目的はもっぱら資料の貸出で、館内閲覧はあまりせず、それ以外の目的での利用はほとんどありません。図書館に期待する役割ももっぱら貸出です。図書館が閉まると自分や家族は困ると考えていますが、地域社会に及ぼす影響への認識は、ほ

かのクラスターと大差ありません。

各メディアの利用頻度、文化的アクティビティーの頻度、読書量なども図書館利用者のなかではごく平均値です。都市に住み、もっぱら本を借りに図書館に行く、平均的利用者像に合致するクラスターといえるでしょう。

②貸出中心・地方図書館愛好者

六百二十六人が属する第二勢力です。年齢は平均よりやや高く、女性が多めです。家事専業がやや多いですが、世帯年収や家族構成に大きな特徴はありません。このクラスターはクラスター①とは対称的に、非都市圏（政令指定都市、特別区、中核市、特別市以外の市町村）居住者が多い点が特徴です。ただし、地域への愛着や地域活動への参加の程度は平均的です。

図書館の利用頻度は平均的で、利用目的がもっぱら貸出なのもクラスター①と同様ですが、図書館には自分や家族にとってだけではなく、地域コミュニティーにとっても大きな価値があると考えています。また、図書館への認識では、「図書館は情報アクセスの機会を提供している」「読書好きや教養を育むために重要である」など、ポジティブな意見には平均よりも賛同していて、「最新技術が取り入れられていない」「〔人々が〕必要な情報の多くを自分で探せるようになったので、以前ほど公共図書館は必要ではない」など、ネガティブな意見には反対しています。

新聞や本を読む頻度はほかのクラスターよりやや高めで、読書量も多めですが、文化的アクティビティーは平均並みでした。地方に居住する本好き・読書家で、図書館のことも大好きな人々がこのクラスターに属します。

③場所としての図書館利用者

三番目に人数が多く、二百四十三人が属する中規模クラスターです。年齢や居住地、学歴、家族構成、地域への愛着などに特徴はありませんが、やや男性が多めのクラスターになっています。図書館の利用頻度はほかのクラスターに比べて顕著に低く、とりわけ特徴的なのが貸出のための図書館利用の少なさで、一四％しか貸出サービスを利用していません。一方で館内閲覧の利用者は八八％と突出して高く、勉強・仕事のための図書館空間の利用も多めです。図書館に期待する機能は、読書のための場所の提供などです。さらに、図書館が閉館しても自身や地域への影響は限定的だと思っています。

本を読む頻度や読書量は少なめで、文化的アクティビティーは平均的です。第一・第二勢力とは異なり、貸出をあまり重視せずにもっぱら場所としての図書館を利用していますが、特に図書館自体を重視してはいない、というのがこのクラスターです。

④子どもの図書館利用同行者

百七十七人が属する中規模クラスターです。年齢は全クラスター中で最も低く（若く）、女性が平均より多めで、世帯年収はやや高めです。家事専業の人の割合が高く、同居する子どもがいる家庭が四分の三を占めます。現在住んでいる地域の居住年数は、ほかのクラスターより短めですが、地域への愛着は平均的で、地域活動への参加は多めになっています。図書館の利用頻度は平均より少なく、本を借りる人が比較的少ない（三分の一の回答者は本を借りません）ことに加え、館内閲覧をする人も少なめです。おはなし会などのイベントへの参加は平均をやや上回ります。

なんといってもこのクラスターの特徴は、四分の三の回答者が子どもの図書館利用に付き添うために図書館を訪れる点にあります。図書館に期待するのも、子ども向けのサービスの充実です。一方、図書館が閉館しても自身や家族、地域への影響は限定的だと考えています。自身のメディア利用の傾向では読書と映画・音楽鑑賞が平均を下回り、読書量も平均より少なめです。文化的アクティビティーも、スポーツ（自身がする／他者を応援する）は平均的ですが、ほかは平均を下回ります。

このクラスターは典型的な「子どもの図書館利用に付き添うために図書館を訪れる人」にあたります。子どもが一人では来られないので一緒に来ている人々で、その多くは母親です。あくまで子どもの活動への同行が目的であって、自分では本はそれほど（ほかのクラスターより）借りないし、そもそも自分が読書をする時間があまりありません。子どもと一緒におこなう活動（地域活動やスポーツ）は多くなるものの、自身のための文化的アクティビティーは減少するという子育て中の人々が、単独でクラスターを形成しています。

⑤情報拠点・コミュニティー基盤としての図書館愛好者

百七十二人が属する中規模クラスターです。年齢はほかのクラスターよりも突出して高く、男性が多めで、ほかのクラスターよりも高学歴（大卒が多い）、すでに仕事を退職した人も多めです。いま住んでいる地域の居住年数は長めで、地域への愛着や地域活動への参加は平均を大きく上回ります。

図書館の利用頻度はほかのクラスターに比べて顕著に高く、貸出だけではなく館内での資料閲覧、勉強・仕事、映像視聴、パソコン・インターネット利用、イベント参加、レファレンスの活用など、あらゆる図書館サービスをほかのクラスターよりも利用しています（ただし貸出だけ平均を若干下回ります）。図書館には貸出以外にもさまざまなサービスが充実することを期待していて、自身に同居する子どもはいない回答者が大半であるにもかかわらず、子ども向けのサービスも充実することを期待しています。図書館は情報へのアクセスの機会を提供し、地域生活を向上する重要な機関ととらえていて、閉館すると自身はもちろん地域にとっても悪影響があると考えています。一方で、必要な情報を自分で探しやすくなった現代では図書館の重要性がやや下がった、という見解を抱いている人もほかのクラスターより多めです。

ほかのクラスターに比べるとテレビの視聴頻度が低く、読書や雑誌・マンガ、映画視聴の頻度が高めで、読書量もクラスター②に次いで多いです。文化的アクティビティーもすべてで平均を上回っています。

このクラスターはすでに退職した高学歴男性など、時間的余裕があり、かつ地域コミュニティーへの愛着・参加意欲や、文化的アクティビティーへの意識も高く、地域の文化活動・コミュニティー活動を担う人々といえそうです。図書館は本を貸すだけではなく調べ物のサポートやイベント・場所の提供などを通じ、地域の情報拠点・コミュニティー基盤としての役割を担うものだととらえている人々で、現代の図書館関係者が思い描く図書館像を共有している人々といえるかもしれません。それだけに、図書館に期待する役割も多くなっています。

⑥消極的図書館利用者

人数は八十三人と小規模のクラスターです。年齢はほかのクラスターより低く、やや女性が多め、高卒・短大卒の人がやや多く、年収がやや低め、無職の割合が高め、子どもがいる家庭がやや多め、という構成です。居住地域への愛着は低く、地域活動への参加も低調です。

図書館の利用頻度自体は平均的ですが、利用の目的ははっきりせず（どの利用目的もあまり選択しておらず、子どもの利用への付き添いだけがやや多め）、図書館がどんな存在であるか、という意識は特になく（全項目で「わからない」が五〇％以上、ときには八〇％以上の設問もあります）、図書館に期待するサービスも「わからない」が多数を占め、図書館が閉館することの影響も「わからない」がほかより多く、図書館に対して特にはっきりした意識も期待も抱いていない人々です。

あらゆるメディアの利用がほかのクラスターより低調で、文化的アクティビティーも低調、読書量も全クラスターのなかで最下位になっています。図書館を使ってはいるものの、愛着や求めるサービスが特にあるわけではなく、そもそも図書館にかぎらずあらゆる文化活動への態度が比較的消極的な人々、といえそうです。

⑦非定型利用者

二十七人が属する、今回の分析のなかで最小のクラスターです。年齢は平均を大きく上回り、女性が顕著に多いことも特徴で、学歴は大卒が少ないことに特徴があります（といっても二十七人なので、あまり統計的に論じる意味はないかもしれません）。

このクラスターの特徴は、図書館の利用目的について「その他」を選択した、という点にあります（二十七人全員が選択）。ただ、その内容は図書館ボランティアへの参加から、暇つぶし、配偶者の同行などさまざまで、共通する要素はありません。そのほかの項目についても特に共通性がみられませんが、資料の貸出利用者は三分の一程度と少なくなっています。メディア利用、文化的アクティビティーについても一貫した傾向はみられず、ほかの六クラスターに属さないような、非定型的な（多様な）図書館利用をしている人々が固まったクラスターといえるかもしれません。

3　俺たちのクラスタリングはまだ始まったばかりだ！

クラスター⑥⑦は解釈するのにいささか苦労した感がありますが、クラスター①から⑤については、なるほどな、という結果になりました。もちろん、それぞれの項目でも述べたとおり、主成分分析にどんな項目を投入するか、クラスターに分かれている段階をいくつ基準にするかなど、今回の分析にも分析者の恣意性が入り込む余地はあるわけですが、従来の手法とは異なる形態で図書館利用者像をまとめていく手段としては、なかなか参考になるのではないかと思います。例えば二大勢力として出てきたクラスター①「都市図書館利用者」と②「地方図書館愛好者」についての結果はなかなか面白く、なぜ都市圏だと図書館を使ってはいても地域にとって重要と思わないのか、なぜ地方だと図書館をあらゆる面で支持する人が多いのか、という点は興味深いです。図書館と利用者の関係には地域と利用者の関係が影響するというのは、本書の読者には感覚的にも理解できる話だと思いますが、データでもそれが裏づけられたわけです。

本書を読んでいる図書館員のみなさんが勤務している図書館では、これらの七種類のどのクラスターの利用者が多そうなのか、自分たちとしてはどんなクラスターの利用者像を思い描いているのか、その利用者像にあたるクラスターを増やしていくにはどんな施策が重要なのか……ということを考えていく材料にもなりそうです。今回はまだ着手段階ですが、今後は論文などにして精緻化していきたいと思いますし、イベントやセミナーなどでも結果を紹介していこうと思います。ご期待ください。

4　終わると思った？　もう少しだけ続きます——近年のクラスターの変化

前節までの、雑誌連載時の文章を書いたのは二〇一七年でした。それから本書の執筆までの三年強の間に世の中は変化し、とりわけ二〇年以降のコロナ禍は図書館の使われ方にも大きな影響を与えました。また、本章の分析のもとになった一四年の調査からはかなり時間も過ぎていて、図書館利用者の状況にもコロナ禍とは関係のない変化があるかもしれません。幸いにしてＮＤＬ情報行動調査は、前述のとおり一九年・二〇年にも実施されているので（特に、二〇二〇年はコロナ禍の影響に着目した質問も追加されています）、新しいデータに、一四年調査に対しておこなったのと同様の分析をしてみたらどうなるか、試してみました。

基本的に二〇一四年データの分析と同じ手法を、最新の二〇年調査のデータに適用していきますが、回答者の居住都市の規模データだけ、新しい分析では使っていません。その結果、二〇年のデータから導き出されたのは以下の六クラスターでした。以下、それぞれのクラスターについて簡単にみていきながら、二〇一四年から二〇年の間での変化についても考えます。

①読書家（千五十五人）
②たまたま使った（三百十二人）
③子どもの付き添い（百十一人）

④意識が高い若者（百四人）
⑤パワーユーザー（八十人）
⑥その他（八人）

①「読書家」クラスター

図書館利用者の大部分が分類される大規模クラスター。ここまで大きいクラスターになるのは少し区切りがよくないのですが、これよりもクラスター分けの基準を下げてしまうと、ほかのクラスターを解釈するのが難しくなるので致し方ないところです。図書館を利用する頻度は全クラスター中で最も高く、読書量も全クラスター中第二位です。趣味は読書で、そのほかにも映画鑑賞など、コンテンツ消費系の趣味を有する人々です。図書館を使うおもな目的は貸出で、そのほかのサービスの利用は低調です。図書館の重要性を強く認識していて、現在使っている図書館には満足しています。今後の図書館についても基本的には現状を維持することを求めていて、斬新なサービスはあまり期待していません。

このクラスターは二〇一四年データのクラスター①「貸出中心・都市図書館利用者」と②「貸出中心・地方図書館愛好者」という、二大勢力が合体したものといえます。コロナ禍だから合体したというわけではなく、今回のクラスタリングには居住都市のデータを入れていないので二つに分かれなかった、ということでしょう。ただし、二つの勢力を合わせた人数は一四年データに比べてやや減少しています。

②「たまたま使った」クラスター

年に数回程度、図書館を利用する人々です。おもな利用目的は貸出ですが、その貸出さえ、ほかのどのクラスターに比べてもあまり使っていません。趣味にこれといった特徴もなく、図書館に対するあらゆる意見にもはっきりした傾向がなく、将来の図書館サービスのあり方にもあまり興味がない。二〇二〇年になんとなく図書館を使った人々、と解釈できます。

これは二〇一四年データの⑥消極的図書館利用者に該当するクラスターで、たまたまその年に図書館を使ったという人々が、コロナ禍にも存在したことがわかります。ただし、人数は一四年に比べてかなり増えています。後述しますが、一四年データのクラスター③「場所としての図書館利用者」の消失に伴い、その一部がこちらに合流したとも考えられます。

③「子どもの付き添い」クラスター

ここからは中堅クラスターが続きます。この「子どもの付き添い」クラスターは、小学生以下の子どもがいる人が多いクラスターで、自身の貸出ではなく子どもの付き添いのために図書館を利用する、と回答する人々です（選択率九〇％）。利用頻度は低めで、自分の趣味などはあまりなく（子育てで時間がないのではないでしょうか）、図書館への関心も実は低めです。このクラスターは、子ども向けのイベントなどへの関心が高い一方で、託児所などの「子どもを預けられる」サービスへの要望は、後述のクラスター④「意識が高い若者」や⑤「パワーユーザー」と実は大差ありません。考えてみれば、子どもを連れていく（自分が一緒にいく）場所として図書館を選んでいる人々なので、子どもを預けて自分が図書館を使いたい、という要望があまりないのは当然かもしれません。

このクラスターも、二〇一四年データから存在するクラスターです。コロナ禍でも子連れ利用は根強く存在したようですが、人数は一四年に比べて約三分の二に減少しています。

④「意識が高い若者」クラスター

このクラスターが、二〇一四年データには存在しなかった新登場のグループ……なのですが、これについてはあとで詳しく紹介したいので、いったん飛ばします。

⑤「パワーユーザー」クラスター

八十人しか所属しない小規模クラスターですが、利用頻度は非常に高く、しかも貸出（これだけはクラスター①「読書家」よりも低いです）以外の全サービスを、最もよく利用している人々です。読書量も多く、多趣味で文化的アクティビティー（旅行や史跡巡り、イベントやコンサート・観劇など）にも積極的です。図書館への期待は高く、その重要性を強く認識している一方で、現状の図書館にはあまり満足していません。斬新なサービスなどへの要望もほかのクラスターより高いですが、そのなかでもカフェなどの併設を強く求めています。図書館に長時間滞在してよく使う人々こそ、カフェなどの飲食スペースを図書館にも求める、というのは道理です。

二〇一四年データのクラスター⑤「情報拠点・コミュニティー基盤としての図書館愛好者」とほぼ一致するクラスターですが、当時に比べて人数が半減しています。コロナ禍で館内閲覧などでの長時間利用ができなかったことが退潮を招いたかもしれません。また、クラスター⑤「情報拠点・コミュニティー基盤としての図書館愛好者」は高齢男性中心のクラスターだったので、高齢者がコロナを忌避して図書館利用を避けたことの影響も考えられます。

消えたクラスター／減ったクラスター

二〇一四年データのクラスター⑦「非定型利用者」と、二〇年の⑥「その他」はどちらもいわゆる「その他」なのでおいておくことにします。それ以外のクラスターは「貸出中心」が合体した以外には大きな変化がなかった……ようにみえて、よくみると一四年データには存在していて二〇年に消えているクラスターがあります。③「場所としての図書館利用者」です。一四年のこのクラスターはやや男性が多く、貸出をほとんど使わず、館内閲覧などで利用するために図書館に来ているものの、図書館自体には関心が薄い、という人々でした。つまり、朝から図書館に来て新聞をずっと読んでいる高齢者や、営業の途中で立ち寄って時間をつぶしている人……のようなグループだったのですが、コロナ禍で単独のクラスターを構成するほどの人数ではなくなってしまいました。

場所としての利用は二〇年には強く制限されていましたし、図書館に特に執着がなかった人々なので、消えてしまったのかもしれません。

一方、存在はしているものの、利用頻度の最も多い、貸出中心の層も数を減らしていて、「子どもの付き添い」利用もかなり減少、「地域の情報拠点」的な利用者にいたっては半減しています。そのかわりに、非利用者のクラスタリングもおこなってみたところ、「いまは使っていないだけ」という非利用者グループが新たにできていました。いまは図書館は使っていないが、図書館には全般に好意的で、使わないのは「コロナ感染予防のため」と答える人が多いというグループです。女性がやや多く趣味も豊富という、まさに貸出中心利用者のグループを構成していた属性の人々で、コロナ禍でおもに減ったのはこの層といえます。

New!!「意識が高い若者」……ただし、コロナのため、ではない?

そしてお待ちかね、二〇二〇年に新たに登場したのがクラスター④「意識が高い若者」です。百四人と決して多くはない人数のクラスターですが、特筆すべきはその年齢構成です。近年、図書館利用者の高齢化が顕著ですが、このクラスターは平均年齢が三十代、所属者のほとんどが二十代と三十代で構成されている(十代以下はそもそもNDL情報行動調査対象外)、突出して若いクラスターでした。利用頻度は高くはなく、おもな利用目的は貸出でありながらも、特徴的なのは勉強場所・仕事場所としての図書館利用が、パワーユーザーを含むほかのすべてのクラスターをしのいでいる点にあります。図書館一般への関心は高いものの、「地域にとって」という視点はなく、地域・地縁的なものにあまり関心がありません。一方で個人としては多趣味・多読で文化的アクティビティーにも積極的であり(そのため「意識が高い」とラベリングしました)、コロナ禍で図書館を以前よりも使うと思っている人数も、ほかのクラスターを圧倒しています。

そして極め付きの特徴は図書館に求めるサービスです。図9―2は「意識が高い若者」の図書館サービスへの要望(こんなサービスがあったら使いたいか否か)をグラフにしたものですが、「中小企業診断」が五八%、「起業

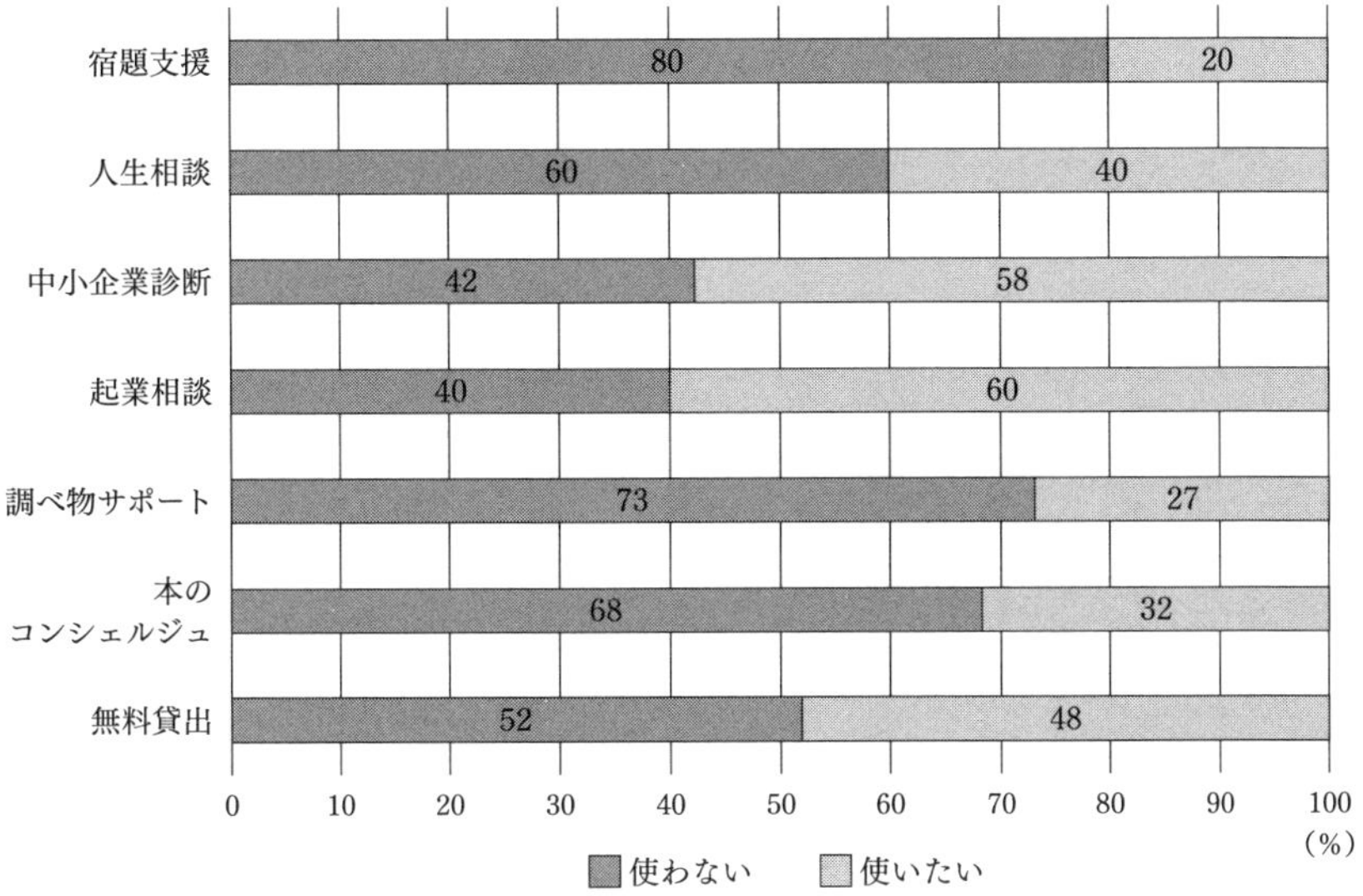

図9―2　「意識が高い若者」クラスターの図書館サービスへの要望

相談」が六〇%に選ばれています。いままでそんな図書館利用者グループ、どこに潜んでいたのでしょう。この結果をみたときは、度肝を抜かれました。本を借りるよりも中小企業診断とか起業相談をしたいというのは、フリーランスとか独立を検討されているエンジニアの方でしょうか。他方で、調べ物の支援についてはあまり要望がありません。仕事場として図書館を求めていて、その道のプロの支援もあるのならば受けたいと思っているけれども、図書館員のことはあまり信じていない、ということになるのでしょうか。

最初、この結果（若年世代が、仕事場として図書館を利用するようになっている）をみたときは、「コロナ禍でリモートワークが導入された結果、その場所として図書館を使うようになったのでは!?」と仮説を立てた……のですが、その後の検証でこの仮説はどうも正しくないことがわかりました。というのも、NDL情報行動調査は二〇一四年から二〇年までの間に、一九年にもおこなわれていたわけですが、その一九年データで同じように利用者をクラスタリングしてみても、同じようなクラスターが導出されたのです。コロナ禍前から存在していたということは、コロナ禍でのリモートワークなどとは関係なく、もともとそういう働き方をしている人々がいて、図書館を使ってもいた、ということになります。コロナ禍の影響仮説は勇み足でした……。

ただ、コロナ禍で「意識が高い若者」クラスターが相対的に目立ってきているのも確かです。というのも、コロナ禍以前から利用者の最大層だった「読書家」や、数は少ないけれども力強い支持者だった「パワーユーザー」が前述のとおり数を減らしている一方で、「意識が高い若者」はコロナ禍でも数があまり減っていないためです。「仕事・学習空間として図書館を使う」という利用は、しないわけにはいかない切迫したものであり、コロナ禍でもほとんど減少しなかったと考えられます。もっとも、「意識が高い若者」の利用頻度は特に高くはないということも合わせて考えると、常に図書館で作業をするわけではないけれどもたまに使う人々、かつて「ノマドワーク」といわれたような、作業空間を固定せずカフェなどを転々とする作業スタイルの人々が、場所の一つに図書館を選ぶことがある、ということなのでしょう。それでも図書館は重要な選択肢で、なくなると困るというのは、コロナ禍での図書館の休館に「とても困った」と答えた二十代の回答者が多かった、という結果ともつじつまが合います。

資料を利用せずに仕事・学習をしているだけとなると、いにしえの図書館関係者からは毛嫌いされる利用形態なのかもしれませんが、もちろんこのクラスターも資料をまったく利用しないというわけでもないし、仮に利用しないとしても作業空間に図書館が選ばれるということは、そこが「図書館」であることに一定の価値が見いだされているからだと考えられます。その点が、コロナ禍で消滅した「場所としての図書館利用者」クラスターとの違いでもあります。このクラスターには図書館である必然性があったわけではなく、図書館への意識も低く、だから実際にコロナ禍で消失してしまったわけです。一方、「意識が高い若者」クラスターは図書館を重要視する価値観をもっていて、文化的アクティビティーにも積極的であるなど図書館を選好する理由があるため、図書館で作業していることがうかがえます。これは図書館が有する価値とは何かを考えるうえでも、興味深いところです。「どこでも仕事ができるこの時代に、私は、図書館で仕事がしたいのです」(6)……と、いうことなのかもしれません。

注

（1）「図書館利用者の情報行動の傾向及び図書館に関する意識調査」「カレントアウェアネス・ポータル」二〇一五年（http://current.ndl.go.jp/FY2014_research）［二〇二四年五月二十四日アクセス］
（2）「図書館利用者の情報行動の傾向及び図書館に関する意識調査（令和元年度）」「カレントアウェアネス・ポータル」二〇一九年（http://current.ndl.go.jp/FY2019_research）［二〇二四年五月二十四日アクセス］
（3）「図書館利用者の情報行動の傾向及び図書館に関する意識調査（令和2年度）」「カレントアウェアネス・ポータル」二〇二一年（http://current.ndl.go.jp/FY2020_research）［二〇二四年五月二十四日アクセス］
（4）Pew Research Center, "From Distant Admirers to Library Lovers - and beyond: A typology of public library engagement in America," Pew Research Center, 2014. (https://www.pewresearch.org/wp-content/uploads/sites/9/2014/03/PIP-Library-Typology-Report_031314.pdf)［二〇二四年五月二十四日アクセス］
（5）本章の内容に図書館を使わなかった人も含めた結果の詳細分析は、その後、論文としてまとめました。佐藤翔「クラスター分析による図書館利用者・非利用者のグループ化」、同志社大学図書館司書課程編「同志社図書館情報学」第二十七号、同志社大学図書館司書課程、二〇一七年
（6）もちろんこのフレーズの元ネタはブライダル情報誌「ゼクシィ」（リクルート）のCM中の言葉、「結婚しなくても幸せになれるこの時代に、私は、あなたと結婚したいのです」です。

第10章 図書館に税金を使うことは人々にどれくらい認められているのか

1 背景――図書館の「インパクト」をどう測るか

前章で登場したNDL情報行動調査は二〇一四年、一九年、二〇年におこなわれていますが、一九年と二〇年の調査には、一四年にはなかった「公共図書館は、税金によって運営されています。あなたは、あなたが支払った税金のうち一年にいくらまでなら公共図書館のサービスに使われてもよいと思いますか？」という設問が、Q39に設けられています。回答者は「三千一円以上」「三千円」「二千円」「千円」「千円未満」の五つの選択肢から、いずれかを選ぶように求められます。筆者が携わっている研究プロジェクトの一つで、この設問の分析をする必要があったのですが、本章ではその着手段階でわかったことを取り上げたいと思います。ということで本章のテーマは、日本の人々が「自分が支払った税金のうち、一年にいくらまでなら公共図書館に使われてもいい」と考えているのか、そしてその金額はどうやって決まっていくのか、です。

この分析の契機になったのは、科学研究費補助金（科研費）プロジェクト「公共図書館が人々の行動に与える影響の特定とその測定手法の確立[1]」です。図書館という存在は人々にどのような影響（インパクト）を与えるのか、あるいは設置目的にかなう成果（アウトカム）を上げることはできたのかを知ることは、図書館というものにどんな存在意義がありうるのかを考えるうえで非常に重要です。図書館があっても人々になんのいい影響もないなら、図書館などなくてもいいわけです。[2]ただ、実際には図書館が人々にもたらす影響・成果を測ることは困難であり、図書館の価値はその一部分である、どれくらい使われているか（貸出や来館者数、レファレンス受付数など）によって測られてきました。もちろん、使われなければ影響の出ようがないので利用状況を知ることには意義がありますし、第7章で扱った貸出関数の分析などは、そうした利用状況などの評価を標準化し比較可能にするパッケージを作ろうという話でもあります。

一方で、どれだけ利用があったとしてもそれがいい結果につながらなかったなら、それがどうだというのか、という見方もあります。すぐに思いつくものでは、例えば貸出冊数の場合、スペースオペラ小説「宇宙英雄ペリー・ローダン」シリーズ（日本語版で六百巻以上）を全巻借りて読んだ人が一人いたことと、いろいろな図書を借りた人が六百人いたことに同じ評価をしていいのか、借りたそれぞれの人がその結果得たものまでみなくていいのか、というわけです。[3]実際、大学図書館（もっぱら北アメリカの）では図書館が学生にもたらす影響についての研究が近年のトレンドで、図書館利用と成績や卒業率・退学率の関係などを盛んに調べています。他方、公共図書館については、図書館サービスやプログラムを利用することによって人々の内面にどんな変化があったかを探る……ということは調査されはじめてはいますが、「その変化の結果として、どういう影響があったのか」については、最近研究も増えてはきているものの、まだ端緒についたばかり、という状況です。「研究・教育の支援」として、はっきり目標が定まっている大学図書館に比べると、公共図書館は影響を与える範囲が大きすぎるぶん、具体的にどんな影響がありうるのか、何が図書館の成果といえるのか、そしてそれをどう測るのかということが、なかなか絞りきれていません。ただ、絞れないからといって研究せずにいると、「結局図書館には存在意義あるの？」という問いにいつまでも答えられないので、始められるところからいろいろ始めてみよう、というのが、先に挙げた科研費のプロジェクトです。

2　インパクト測定の一手法――仮想評価法

公共図書館が存在することの人々への影響は測りにくいのですが、測りにくいなりになんとかして測れないか、という試みがなされてきています。そのうちの一つが、図書館が存在することによる影響を金銭的に換算し、いわゆる経済効果を測る、というものです。利用料金を取らない公共図書館のサービスについて、金銭的に価値を測るのはなかなか難しいのですが、いろいろな方法が考えられています。これについては筑波大学の池内淳さんが動向も報告(4)していますが、よく用いられる手法としては次の四つがある、としています。

①代替法：経済価値を類似する市場財価格で代替し、計算する。例えば、貸出一件を図書の平均価格の半額相当の金額、と換算するなど。

②仮想評価法：あるサービスに対して支払う意思がある金額を実際の利用者などに尋ね、計算する。例えば「貸出一回がもし有料の場合、いくらまでなら支払ってもいい（有料でも利用したい）と思いますか」と利用者に聞いて、平均値などを算出する。

③トラベルコスト法：利用者が利用するうえでかけるコスト（交通費・時間）が、利用者が図書館に支払ってもかまわないと考える価値である、と見なして計算する。

④移転支出：図書館に人が集まることで近隣の地域に起こった集客効果（顧客増加、地価上昇）を計算する。一般的ななんらかの施設の「経済効果」は、この移転支出を指す場合が多い。

ただ、これらの手法にはそれぞれ問題もあります。まず移転支出は、図書館周辺に人が集まるぶん、どこかほかの集客が減っていることになり、集客は「移転」しているだけです。また、トラベルコスト法の場合、多くの人が来たいと思うような図書館をできるだけ不便な場所に作るほうが、便利な場所に作るよりもインパクトが大きい、というよくわからないことになりかねません。代替法はこの二つに比べると一見妥当そうなのですが、「図書館があるおかげで、書店などで本を買わずにすんだ」ということをいい影響として評価することになるので、これを貸出に適用するのは民業圧迫の批判へと容易につながります。

そのなかでも比較的妥当なのは仮想評価法だろう、とされています。実際に利用料を支払っているわけではなく、あくまでアンケートなどで聞いているだけなので扱いには慎重を要しますが、仮想評価法はどんなものでもある程度は金額に換算できる（例えば、代替法で金額に換算できるのは代替物が有料で存在する場合だけなので、利用者の質問に応えるレファレンスサービスや、子ども向けのおはなし会の価値の算出はかなり難しいのですが、仮想評価法ならそれぞれ支払ってもいい金額を聞くだけでわかります）というメリットもあり、実際に仮想評価法を用いて図書館サービスも研究するものは多くあります。

ただ、個人的には仮想評価法を図書館サービスに適用することにも問題はあるのではないか、と考えています。もっというと、公共図書館一般についての議論をする際には面白い手法ではあるものの、実際に個別の図書館やそのサービスに適用することは難しいと思います。というのも、個々の図書館やそのサービスの質以上に、回答者の属性によって支払う金額が定まる部分が大きいのでは、と考えられるからです。すぐに思いつくこととして、経済的に余裕がある人はより大きな金額を支払ってもいいと答えそうですし、学歴が高く教育の充実に価値を見いだす人も（実際に自分が図書館を使っているかどうかとは別に）より高い金額を回答しそうです。そうだとすると、仮想評価法で出てくる金額は、ある図書館の経済的インパクトというよりは、その図書館のサービス対象地域の住民の構成でほぼ決まる、ということになります。「高収入・高学歴の住民が多い地域の図書館の経済的インパクトは、そうでない地域よりも大きいです」というのは、少し首をかしげたくなる結論です。

とはいえ以上は筆者の思いつきであって、なんらかのデータで検証したわけではありません。そこで実際になんらかの図書館サービスなどに対する支払い意思額のデータを使って、利用者のさまざまな属性と支払い意思額の関係、さらには支払い意思額がどういうふうに決まっていくのかを可視化してみたい……と思っていたところ、ちょうどNDL情報行動調査の設問データがあったわけです。

3　NDL情報行動調査（二〇二〇年度）での支払い意思額の状況

冒頭で述べたとおり、NDL情報行動調査での支払い意思額の設問は「公共図書館は、税金によって運営されています。あなたは、あなたが支払った税金のうち一年にいくらまでなら公共図書館のサービスに使われてもよいと思いますか？」というものです。個々のサービス、あるいは個々の図書館ではなく、公共図書館一般に使われる金額を聞いていて、さらに追加で支払うのではなく、いま支払っている税金のなかの配分を聞いている、という点に特徴があります。ただ、公共施設に関する支払い意思額の調査ではこれと同様の聞き方をすることはほかにもあり、それほど特異というわけではありません。そもそも現在の図書館運営の費用はすでに支払っている税金のうちから賄われていることを考えれば、妥当な聞き方といえるでしょう。

回答は選択式で、選択肢は「三千一円以上」「三千円」「二千円」「千円」「千円未満」の五つでした。金額を回答する人が記入する方式に比べると、選択式の設問はデータ分析時に使える手法に限りが出てきますが、まったく白紙の状態で金額を聞かれても答えられる人は少ないでしょうから、選択式にするのは致し方ないかと思います。ちなみにNDL情報行動調査は全国の成人五千人を対象にするオンラインモニター調査で、回答者の年齢・居住地域構成などは実際の日本の人口に応じた配分がなされています。インターネット利用者に偏ってはいるものの、回答結果は、日本国民についてのデータとしてある程度の代表性が確保できているものと考えていいでしょう。

　ではさっそくですが、支払い意思額の回答について、単純集計の結果を示したのが表10—1です。回答者の四〇%以上は「千円未満」と金額を低めにつけましたが、そのほかの四つの選択肢はいずれも一二%から一六%程度ずつの人に選ばれていて、思ったより回答がばらけている印象があります。

表10－1　公共図書館への支払い意思額（単純集計）

	回答者数	割合（%）
3,001円以上	733人	14.7
3,000円	635人	12.7
2,000円	617人	12.3
1,000円	839人	16.8
1,000円未満	2,176人	43.5
合計	5,000人	100.0

　この結果をどうとらえるかは難しいところですが、仮に「千円未満」と回答した人は一円も出さず、「三千一円以上」は三千一円出し、ほかの人は回答のとおりにお金を出すと仮定して、回答者の割合を日本の成人人口約一億五百万人（成人以上に限るのは、NDL情報行動調査の回答者が成人だけのため）に当てはめて計算すると、税金のなかから日本国民が公共図書館サービスに払ってもいいと思っている額は、千二百九十七億九千五百四十三万五千円、ということになります。なお『日本の図書館』によると、二〇二〇年の日本の公共図書館の経常予算は千五百三十九億二千三百五万円です。[5] 支払い意思額よりも実際の予算がやや大きいのですが、「千円未満」回答者のなかにも少しはお金を出すという人はいるだろうとか、「三千一円以上」回答者のなかに多めに出す人もいるだろうと考えれば、実態とそう乖離した数値にはなっていない、といっていいのではないでしょうか。もしこの段階で、支払い意思額と実際の予算があまりにかけ離れていると、この設問の妥当性自体を見直さないといけないところなのですが、このぶんなら分析に用いるには大きな問題はないと考えられます。

　ちなみに、紙数の都合で個々の表は掲載しませんが、性別、年齢、世帯収入、最終学歴、過去一年間の図書館利用状況、職業、家族構成などと支払い意思額の関係を分析したところ、過去一年間の図書館利用状況はもちろんですが（よく使っている人ほど支払い意思額は高い）、それ以外では最終学歴と職業が、かなり顕著に支払い意思額と相関していました。学歴が高い人ほど支払い意思額も高く（ただし博士号取得者は、修士号取得者よりも金額が低めです。博士号取得者は理工系が多いことに何か関係があるのでしょうか）、職業については公務員、教職員、団体職員と、弁護士、税理士、医療関連などの専門職従事者は支払い意思額が高くなっています。世帯収入については二百万円から千二百万円の範囲では回答にあまり差がないのですが、二百万円未満では「千円未満」と回答する人が顕著に多くなります。ただ、「三千一円以上」の高額回答者の割合は世帯収入二百万円未満でもあまり変わりません。学生の存在が何か影響しているのでしょうか。逆に、世帯収入が千二百万円を超えると急に「千円未満」の回答が減り、「三千一円以上」が増えます。このあたりの収入額に、何か支払い意思額が大きく変わる境目がありそうです。

4 「千円以上払ってもいい」と思う人かどうかを予測する！……のは難しかった

単純集計だと、実際のところ、いろいろな要因のどれが支払い意思額に影響しているのかがみえにくいので、より踏み込んだ分析をおこなっていきます。もし支払い意思額の設問が具体的な金額を書いてもらうものであれば、重回帰分析という手法を使いたいところだったのですが、選択式設問では不可能です（できなくはないもののあまりうまくいかない）。こういうときはロジスティック回帰分析（今回は、そのなかでも二項ロジスティック回帰）という手法が使えます。

回帰分析というのはある予測したい値（目的変数）を、その値に影響するであろう要因（説明変数）から予測するモデル（式）を作る分析手法のことです。例えば、駅の乗降客数（説明変数）と売店の売り上げ（目的変数）の関係を分析し、乗降客数から売り上げを予測する式を作って、新たに売店を出す駅を選ぶ際の参考にする……といった使い方ができます。回帰分析にもいくつか種類がありますが、そのなかでもロジスティック回帰分析は、売店の売り上げのような連続的なデータ（〇円を下回ることはないにせよ、理論上は〇円以上の範囲でどこまで高くもなりうる）ではなく、何かをする／しないという二つの結果のどちらになるかを予測したいときに使う手法で、作成する式の結果は〇から一の範囲に収まります。例えば図書館利用なら、ある人が図書館を利用する確率を、〇から一の範囲内（確率は〇から一の範囲に収まるので）で計算する、というのがロジスティック回帰分析です。

回帰自体は予測のために生まれた手法ですが、図書館情報学分野をはじめとするさまざまな分野で、予測すること自体が目的というよりは、ある要因が結果にどれくらい影響するか、そもそも影響しているのかを知るために使われています。例えば近年、北アメリカの大学図書館界隈では、学生の成績（ＧＰＡ）や進級率（もしくは留年率）に図書館の利用がどれだけ影響しているかを回帰分析でみてみる、というような研究がよくおこなわれています。これは図書館を使う頻度からその学生の成績などがどれくらいになるかを予測したいからではなく、「図書館の利用が成績に影響します」ということを示したくておこなっているわけです。

ロジスティック回帰分析は二つの結果のどちらになるかを、さまざまな要因から確率的に予測していくというモデルなので、そのままでは五択式の今回のデータには利用できません。そこでとりあえず、「千円未満」と回答するか、それ以上の金額を答えるのか、という二グループに回答者を分けて、どちらの回答になるかをさまざまな要因から予測するモデルを作る、ということをやってみました。

具体的には性別、年齢、世帯収入、最終学歴、職業、家族構成（中学生以下の子どもとの同居の有無、一人暮らしか否か）の六つの要因から、支払い意思額を千円未満と回答するか、千円以上とするかを予測するモデルを構築しました。職業については、十種類の分類（もともとのＮＤＬ情報行動調査の設問のうち、会社関係の職業をまとめたもの）のそれぞれに当てはまるかどうか、で判断しています。また、世帯収入については「わからない」、最終学歴については「その他」と回答したデータは分析から除外しました（そのため、分析に含まれるデータは三千八百八十五件とやや少なくなっています）。

結果が表10―2です。結果の見方について簡単に解説すると、支払い意思額の予測に使えそうだと思って統計ソフトに入力した前述の項目のなかで、実際に有効だった要因がこの表にある項目です。「一人暮らしか否か」

表10−2　支払い意思額のロジスティック回帰分析結果

	β	標準誤差	Wald	自由度	有意確率	Exp（β）
性別	0.312	0.083	14.212	1	0.000	1.366
年齢	0.014	0.002	33.199	1	0.000	1.014
最終学歴	0.299	0.035	73.628	1	0.000	1.348
職業（全体）			29.954	10	0.001	
会社勤務・経営	0.164	0.292	0.315	1	0.575	1.178
公務員・教職員・団体職員	0.320	0.332	0.932	1	0.334	1.377
自営業	0.060	0.322	0.035	1	0.852	1.062
SOHO	-0.406	0.458	0.785	1	0.375	0.667
農林漁業	-0.300	0.595	0.255	1	0.614	0.741
専門職	0.180	0.353	0.260	1	0.610	1.197
パート・アルバイト	-0.046	0.301	0.023	1	0.879	0.955
専業主婦・主夫	0.139	0.300	0.215	1	0.643	1.149
学生	1.465	0.441	11.046	1	0.001	4.330
無職	-0.122	0.298	0.168	1	0.682	0.885
同居する中学生以下の子どもの有無	0.250	0.103	5.885	1	0.015	1.284
定数	-1.861	0.362	26.393	1	0.000	0.156

と、そして意外にも「世帯収入」はないので有効ではなかった、ということになります。表に残った要因のなかではExp（β）という値が一より大きい、または小さい（つまり一から遠い）ほど影響力が大きいと見なせます（「定数」はとりあえず無視してください）。

全項目のなかで群を抜いて影響力が大きいのは職業が「学生」であることで、学生は千円以上と回答した人が顕著に多いことがわかります。今回の回答者のなかでは、学生は公共図書館を比較的よく利用する層でもあるので、そのことの影響もあるのかもしれません。ほかには、学生ほどの影響力はないものの、公務員、教職員、団体職員であることも支払い意思額を千円以上とすることにプラスの影響があり、女性であることもプラスの影響がありました。また、最終学歴は高いほど、支払い意思額を千円以上と回答する者が多くなる傾向があります。逆に、マイナスの影響が顕著なのは、職業としてSOHOを選んでいること（実質的にはいわゆるフリーランスの人が該当していそうです）、農林漁業を選んでいること、などでした。

ただ、作ってはみたものの、このモデルは実のところこのままでは使い物になりません。表10—3に、このモデルに当てはめて支払い意思額を予想した結果と、実際の回答結果の比較を示します。合計の正解率こそ六〇・六％と適当な推量より少しはマシですが、これは回答を千円以上にしている人の割合がそもそも高く、かつ予測値は千円以上に偏っているためです（とりあえず千円以上と答えておけば、それだけでも正解率は五〇％を超えることになります）。千円未満の人は全然当てられていないので、今回投入した六つの要因だけから支払い意思額を当てるのは難しい（つまり、これらの要因だけで支払い意思額が定まるわけではない）、ということになりました。

表10−3　ロジスティック回帰分析による予測と実際の回答の答え合わせ

	予測：1,000円未満	予測：1,000円以上	正解率
実測：1,000円未満	384人	1,219人	24.0%
実測：1,000円以上	313人	1,969人	86.3%
		合計正解率	60.6%

ＮＤＬ情報行動調査には、趣味や読書量、さまざまなメディアの利用行動などの多様な項目が含まれるので、それらを要因の候補として次々に投入していけば、モデルの精度をさらに上げていくことは比較的容易です。ただ、そうすると今度は解釈するのが難しくなってきます。つまり、単純なモデルで支払い意思額を予測することには無理がある、言い換えれば、「世帯収入や学歴などで支払い意思額はだいたい決まるのでは」という仮定は誤っている、ということになりそうです。

もっとも今回はとりあえずの着手段階ということで、千円未満／千円以上に二分しましたが、別のモデルを使えば結果は変わってくるかもしれません。また、メディア行動や趣味などの各要因を整理して、要因間の相関や因果関係なども想定していけば……そういうモデルには共分散構造分析という方法がありますが、そうするともっと違う結果も出てくるのでは、とも考えています（実は本章の研究の本丸はそこです。いわゆる社会関係資本なども想定した分析をしていくことになるので、苦手な理論系の勉強をしなければならないのですが……）。そういうことをいろいろしてもどうしてもうまいモデルができなかったときは、どうなるでしょうか。それはつまり、こういった個人の属性などだけで支払い意思額は決まらないということになり、実は個々の図書館の質が重要である（つまり、各回答者が住んでいる地域の図書館の影響が大きい）、ということになって……それはむしろ図書館関係者にはいい結論かもしれません。

おわりに――I'll be back!

肝心の予測モデルがうまくいかず締まらない結果になってしまいましたが、まあそう毎回いい感じの結果が出るとはかぎらない、ということでしょう。ある意味、研究の実践のリアルな姿をみなさんにおみせするいい機会になったのでは、と前向きにとらえていきたいところです。いずれいい結果を出せたら、またなんらかの形態で発表していきたいと思います。I'll be back!

注

（1）「公共図書館が人々の行動に与える影響の特定とその測定手法の確立」「KAKEN」（https://kaken.nii.ac.jp/grant/KAKENHI-PROJECT-21K12599/）［二〇二四年五月二十四日アクセス］

（2）もちろん、いまいい影響がなくても資料保存によって長期的に影響がある、ということもありうるわけですが、もし長期的にみてなんのいい影響もないなら、ということです。

（3）「宇宙英雄ペリー・ローダン」シリーズ（早川書房、一九七一年―）を全巻読むことは当人の人格形成にかなり影響がありそうではあります。自腹で買うと結構きついでしょうし。でも、全巻所蔵していて貸出可能な公共図書館ってどれくらいあるのでしょう。

（4）池内淳「動向レビュー 図書館のもたらす経済効果」、国立国会図書館関西館図書館協力課編「カレントアウェアネ

ス」第二百九十一号、日本図書館協会、二〇〇七年
（5）前掲『日本の図書館 統計と名簿 ２０２０』

第11章 子どもと行きたいのはどんな図書館か

1 子どもがいる図書館情報学者あるある——案外、自分は子どもを図書館に連れていっていない

仮にも図書館情報学者であり、近年は公共図書館の研究に力を入れているにもかかわらず、そしてわりと本好きの子どもがいるにもかかわらず、最近になるまで筆者は全然、子どもと一緒に図書館を利用できていませんでした。さすがに一度も使っていない、ということはなかったのですが、二〇二二年までに利用したのは自転車で近所の図書館に二、三回行ったのと、妻の地元に帰省したときに近所の市立図書館に一度行ったことがあるくらいでした。それから、筆者の地元近くの宮城県多賀城市立図書館が、蔦屋書店を経営するCCCが指定管理するいわゆるTSUTAYA図書館になったのをきっかけに帰省時に二回ほど行きましたが、記憶するかぎりそれで全部です。帰省時を除けば、日常生活のなかで子どもと行く場所として公共図書館は全然選択肢に入ってきていませんでした。

しかし最近少し事情が変わりまして、家を建てて引っ越したのを機に、徒歩圏内に市立図書館（分館）がある

ため、子どもを連れてたまに散歩に行くようになりました。子どもが絵本ばかりではなく物語なども読むようになり、長めの怖い話のシリーズにはまったので、とても全部は買っていられない……という理由もありますが、それ以上に大きいのは、やはり徒歩圏内にあって比較的気軽に行けることです。

ただ、それでもやはり行くのがおっくうになったり足が遠のいたりすることもあり、先日はさっそく、一カ月の延滞をして督促の電話をもらってしまいました（これもまた図書館情報学者あるある、でしょうか）。徒歩圏内といっても子どもの足だと「疲れた。おんぶ～」と言いだしかねない距離でもあり、近所にほかの用事があればまだしも、図書館に行くためだけに出かけるには微妙、ということもあります。

話は変わりますが、新居に駐車場を作ったこともあり、人生で初めて自家用車を買いました。運転免許取得後、約十七年も公道を運転していなかったので最初はビクビクでしたが、さすがに三カ月ほぼ毎日運転しているとかなり慣れてきました。慣れてみてあらためて思いましたが、自家用車ってすごい便利です。ショッピングモールでも遠くの公園でも、タクシーをいちいち呼んだり待ったりしなくていいし、公共交通機関でベビーカーを「よいしょっ」と乗せたり、バスなら畳んだり、なんてこともしなくていい。子連れでのお出かけがこんなに気負わずにできるようになるとは思いませんでした。いま住んでいる京都みたいな町なら、車がなくても特に困らない……と思って過ごしてきましたが、実際に車をもってみると便利すぎました。

ただ、これまでは無縁だった「出先に適切な駐車場がない」という問題はしばしば発生するようになりました。最寄りの図書館にも駐車場がないので、車で出かけるついでに立ち寄ることはできないし、かといって駐車場がある図書館にわざわざ出向くのも、京都だと少し微妙です。どうせ車で家族連れで出かけるなら、ついでにお昼も食べて、買い物もして、など、半日以上はつぶせるお出かけ感がほしいのですが、近隣だとそれができる図書館があまりないのです。逆にいえば帰省時に多賀城市の図書館にわざわざ行くのは、周囲の店舗も含めて一施設のなかに完結していて、ついでにドライブもできて、かなり時間が使える、というのが大きい。図書館ではありませんが函館蔦屋書店なんかも、妻の実家に帰省すると必ず一度以上は行きますが、やはりちょっとしたお出かけにちょうどいい、という事情があります。

この「子連れで出かける先の選択肢としての図書館」というテーマについてはもう少し深めていくと面白いのでは……ということで、本章では「子連れで図書館に行く」という行動について、そういう行動をする人にはどんな特徴があるのか、また子どもがいるのに図書館に行かない人と行く人の差はどこにあるのか、ということを考えていきたいと思います。

2 「子どもの付き添い」で図書館に行く人の特徴

さて「子連れでの図書館利用」について考えていくわけですが、使用するデータは引き続きNDL情報行動調査です。本書中にいったい何回出てくるんでしょう、NDL情報行動調査（先にいっておくと、四回。あと一回出てきます）。

筆者自身、「子ども」という切り口からNDL情報行動調査のデータを分析したことは以前にもあります。一つは子どもの有無と図書館利用、メディア利用の関係を分析した調査[1]で、子どもがいる人のほうが図書館をよく利用するけれど、子どもがいない人よりも読書の頻度は少ないこと、つまり子どもの付き添いで図書館には行くけれど、自分のためには利用できていない可能性があることを指摘しました。もう一つは第9章でも取り上げた、図書館利用者をNDL情報行動調査の回答の内容から類型化する、というものです。こちらでは利用者の類型の一つとして、やはり子どもの付き添いのためだけに利用する、という層の存在を可視化しました。どちらも子連れの図書館利用は必ずしも自分のための利用ではない、ということを指摘しているわけですが、だからどうだというのでしょう。本章では自分のための利用の話はおいておき、子どものための利用の話をしたいのです。休日、子どもを連れて出かけられる場所が一カ所増えることがどれだけありがたいことでしょう[2]。

閑話休題。とにかく本章ではＮＤＬ情報行動調査（今回は二〇二〇年版）のデータを使って、まずは図書館の利用目的に「子どもの付き添い」を挙げている人（百六十二人）が、ほかの図書館利用者（年一回以上、図書館を使う人。千九百八人）と比べてどんな特徴があるのかをみていきます。今回は特に、回答のうち、子どもの付き添い以外の図書館の利用目的、公共図書館への意見（図書館一般に対してどんな印象を抱いているか）、閉館した場合の自身や家族、地域への影響の認識、最もよく使う図書館の印象、館内にあれば利用したいと思うスペース、実施されていたら参加したいと思うイベント、提供されていたら利用したいと思うサービス、そして最寄りの図書館への移動手段と所要時間を分析しました。それから性別や年齢などの一般的な属性データも一応みていますが、これについては予想どおりで、性別は子どもの付き添い目的以外の人に比べて女性が多く（子どもの付き添いでは六七・九％なのに対して、それ以外は五四・〇％）、年齢は三十代・四十代が多い、という結果になっています。

特徴①：利用目的

まず「子どもの付き添い」以外の図書館の利用目的ですが、これは「子どもの付き添い」を利用目的に選ぶ人とそれ以外で、かなりはっきりと違いが出ています。表11―1に各目的での利用状況をまとめましたが、そもそも日本の公共図書館の最も一般的な利用目的である資料の貸出・返却を目的に挙げる人が、「子どもの付き添い」利用者では比較的少ないです（それでも過半数は貸出・返却利用をしていますが）。さらに、館内での閲覧利用も少なくなっています。もちろん、この回答をする場合でも子どものほうは本を読んだり借りたりしているのだろうと思いますが、自分では借りたり読んだりしていない、ということなのでしょう。確かに、筆者も最近図書館利用が増えたといっても、子どもの本ばかり借りて自分で読む本は借りていません。

逆に「子どもの付き添い」利用者のほうがよく選ぶ利用目的は、ＡＶ視聴、イベント参加、研修、そしてレファレンス（調べ物の相談）です。ＡＶ視聴とイベント参加はなんとなく理由がわかりますが、レファレンスは

表11―1　図書館利用目的選択率：「子どもの付き添い」利用者とそのほかの利用者の違い

	「子どもの付き添い」利用者	その他の利用者
貸出・返却	52.5%	76.5%
館内閲覧	35.2%	50.0%
勉強	9.3%	11.8%
仕事	5.0%	6.8%
AV 視聴	6.8%	3.3%
図書館 PC 利用	7.4%	4.7%
イベント	9.3%	4.4%
研修	6.2%	1.3%
レファレンス	6.8%	1.6%

……子どもの調べ物に付き合っている、などでしょうか。なお勉強や仕事、パソコン利用のための図書館利用については「子どもの付き添い」利用でもそれ以外でも、統計的に意味をもつ差はありませんでした。

特徴②：図書館に求めるもの

図書館一般の印象、最もよく使う図書館の印象、図書館が閉館した場合の自身や地域への影響……という項目については、「子どもの付き添い」利用者とそれ以外でほとんど差はありませんでした。子どもと一緒に図書館を使う人とそれ以外の人は、図書館に抱いている印象などについてはほとんど変わらないようです。

一方、図書館に求めるスペース、イベント、サービスについては「子どもの付き添い」利用者に特徴的な項目がいくつかありました。表11―2に、「子どもの付き添い」利用者とそれ以外の間で、統計的に意味をもつ差が出た項目だけまとめています。

まずスペースについてですが、託児所を求める利用者が多いのは子どもがいるのでさもありなん、というところでしょう。そのほかには多人数勉強部屋、貸会議室、そして工作スタジオを求める人が、そのほかの利用者よりも有意に多くなっています。複数人で集まれるスペースへのニーズが多いようです。

イベントについても、子ども向けの読み聞かせや子ども向けプログラミング講座への参加意欲が高いのは当然ですが、意外なことに（?）アイデアソン・ハッカソンへの参加意欲も、ほかの利用者よりも強くなっています。

表11－2　図書館に求めるもの：「子どもの付き添い」利用者とそのほかの利用者の違い

	「子どもの付き添い」利用者	その他の利用者
スペース		
多人数勉強部屋	21.6%	14.3%
託児所	26.5%	5.2%
貸会議室	14.8%	8.5%
工作スタジオ	15.4%	5.0%
イベント		
アイデアソン・ハッカソン	8.0%	3.9%
プログラミング講座	44.4%	7.3%
子ども向け読み聞かせ	39.5%	9.0%
サービス		
起業相談	9.9%	5.8%
中小企業診断	9.3%	5.2%
人生相談	17.3%	7.9%
宿題支援	27.8%	5.1%

表11－3　図書館への移動手段：「子どもの付き添い」利用者とそのほかの利用者の違い

	「子どもの付き添い」利用者	その他の利用者
徒歩	17.3%	25.6%
自転車	24.7%	26.2%
バイク・車	54.9%	40.1%
電車・バス	3.1%	7.2%
その他	0.0%	0.6%
わからない	0.0%	0.4%

特に子ども向けのプログラミング講座は、実は読み聞かせよりも参加意欲が高いです。読み聞かせは親が自分でもできるけれど、プログラミングは難しいから、ということでしょうか。難易度とニーズの多さは関連している

ようです。

サービスについても、宿題支援へのニーズが多いのは当然として、意外にも子どもの付き添い利用者が、起業相談、中小企業診断、そして人生相談へのニーズが多い傾向がありました。なかでも差が大きいのは人生相談です。確かに、子どもがいると、相談したいことが増えるかもしれません。

特徴③：図書館への移動手段

移動手段については比較的事前の予想どおりで、表11—3にまとめたように、自家用車で来館する利用者が顕著に多く、公共交通機関や徒歩利用は少ない（自転車は大差ない）という結果になっています。まあそうだろうというか、そもそも車を出す必要があるから付き添っている、ということも、子どもが小学校高学年の場合などはあるでしょう。徒歩圏内なら自力で行ける子どもでも、車が必要なほど距離がある場合は誰かに連れていってもらう必要があり、親が付き添うことになる、というわけです。ちなみに図書館までの所要時間については、子どもの付き添い利用者とそれ以外に大差はありませんでした。

このように、図書館利用者のなかでも子どもの付き添い目的での利用者は、必ずしも本を借りたり読んだりするために使っているのではなく、子ども向けのイベントやみんなで集まることができる空間を求めている（ほかには人生相談とか）など、それ以外の利用者とは図書館に求めるものが違う傾向があることが見て取れました。そして移動手段としては、自家用車などが顕著に多いわけです。

3　子どもがいる人が図書館に行く街／行かない街／行きたくても行けない街

ただ、以上はあくまで図書館利用者のなかでの、子連れ利用者の場合の話です。図書館を使わない人も含めるとどんな違いがあるか……も本当はみていきたいのですが、図書館を使っていない人にはそもそも使っていないので、利用目的や求めるものを聞いてもあまり意味がありません。

そこで子どもがいても図書館を使わない人と図書館を使っている人を比較するために、別の情報源を取り入れることにしました。自治体ごとの国勢調査と、『日本の図書館』に掲載されているその自治体の図書館のデータです。NDL情報行動調査には回答者が住んでいる自治体の情報が入っているので、その自治体名を使ってこれらのデータを結び付けることで、子どもがいて図書館を使っている人と、子どもがいて図書館を使わない人について、住んでいる街やそこの図書館の傾向の差をみてみよう、ということを考えました。

ただ、NDL情報行動調査の回答者には、そもそも図書館がない自治体に住んでいる人も一定数います。その場合には分析のしようがないので、今回は大半の自治体に図書館が存在する「市」または特別区に限定して分析することにしました。かつ、これはデータ分析の都合で申し訳ないのですが、数少ない図書館がない市と、「伊達市」は日本に二つある（福島県と北海道）ため、どちらの伊達市の回答者かの判定が困難なので分析から除外させてもらいました（論文だったら絶対使えない言い訳です）。

データを結合したうえで、採用した分析の方法ですが、まず図書館利用の有無については利用した／しなかっただけではなく、「利用したいができなかった」というNDL情報行動調査の項目も生かすことにしました。これによって、本当は利用したいのにできなかった、という子どもをもつ人にありそうな傾向についても明らかにできると考えました。結果、図書館利用の有無は（過去一年以内に）利用した／利用したいができなかった／利用意思がなかった、の三段階に分けることになりました。

一方、子どもの有無について、NDL情報行動調査では同居する子どもの有無しか聞いていませんが、同居していないと子連れ利用もしにくいと考えられるので、ここは特に問題ないでしょう。また、NDL情報行動調査では子どもを「未就学」「小・中学生」「高校生」「高校生以外の十八歳以上」に分けて聞いているのですが、高校生以上になると自力で行ける子どもが増えるだろうと考え、ここでは「未就学」と「小・中学生」の子どもと同居している人物を「子どもと同居している」と見なすことにしました（以上の定義で、子どもと同居している人物は五百九十四人、同居する子どもがいない人物は四千百十四人でした。合計がＮＤＬ情報行動調査の回答者数に合致しないのは、前述のとおり、町村と図書館がない市、二つの「伊達市」居住者を分析に含んでいないためです）。

そのうえで、子どもと同居している人物が、図書館に行った／行かなかった／行きたくても行けなかったかどうかと、その人が住む自治体・図書館の特徴の関係を分析していきます。自治体の特徴の把握には国勢調査からさまざまなものが利用できるのですが、今回はとりあえず人口、面積、人口密度、第一次―第三次産業従事者割合、専門職・管理職従事者割合、そして昼間人口をみることにしました。図書館の特徴としては、延べ床面積、専任職員数、蔵書冊数、貸出回数、開館日数、開館時間（一日の開館時間×開館日数）、そして自治体内の図書館数あたりをみることにします。いずれももっと取り入れられる特徴はあるのですが、手始めに思いつくところからみていこう、ということです。

4　子どもの有無と図書館に行った／行かなかった／行きたくても行けなかった

前置きが長くなりましたが、ここからは分析結果です。まず前提として、子どもの有無と図書館に行った／行かなかった／行きたくても行けなかった人の割合の関係を、表11―4に示します。統計的に有意な差がありますので、先行研究でも示されていたとおり、子どもがいる人は図書館を使っている傾向があります。そもそも「利用意思がなかった」人が少ないだけではなく、「行きたくても行けなかった」割合も子どもがいるほうがやや低くなっていて、子どもがいる人は図書館に行こうと思うし、実際行きやすいわけです。だからこそ、なお図書館に行かなかった／行けなかった人の事情が気になります。

表11－4　同居する子どもの有無と過去1年間の図書館利用の関係

	子がいる	子はいない
利用した	55.4%	39.7%
利用したいができなかった	15.7%	18.6%
利用意思がなかった	29.0%	41.7%

表11－5　子どもと同居している人が図書館を利用したか否かと、居住する市区の指標（平均値）の関係

	人口	第1次産業従事者割合	管理職従事者割合
利用した	69万0,466.94人	2.27%	2.51%
利用したいができなかった	93万2,153.47人	1.97%	2.49%
利用意思がなかった	59万3,089.85人	3.00%	2.33%

5　自治体の特徴

次に自治体の特徴と子どもをもつ人（五百九十四人）が図書館に行った／行かなかった／行きたくても行けなかった、の関係についてです。まず三つ以上のグループの間の、平均値の差が有意かどうかを検証する一元配置分散分析という統計分析をおこなったところ、人口、第一次産業従事者割合、管理職従事者割合について、グループ間の平均値には有意な差がある、という結果になりました。それぞれについて、行った／行かなかった／行きたくても行けなかった人が住む自治体での、各値の平均値をまとめたものが表11―5です。これは少し興味深い結果になっていて、基本的に図書館に実際に「行った（利用した）」人が住む自治体のほうが、「行かなかった（利用意思がなかった）」人が住む自治体よりも大きく（人口が多い）、第一次産業従事者が少ない（都市化が進んでいる）という結果になっています。ただし、「行きたくても行けなかった（利用したいができなかった）」人が住む自治体は、「行った」人が住む自治体よりさらに大きく、さらに都市化されているようでした（管理職従事者割合の違いについてはいまいちよくわかりません。そもそもあまり差がないようにみえるけど、なぜ有意差があるのでしょうか）。

表11－6　子どもと同居している人が図書館を利用したか否かと、居住する市区の図書館指標（平均値）の関係

	延べ床面積（㎡）	専任職員（人）	蔵書冊数（冊）	貸出冊数（回）	図書館数（館）
利用した	1万4,593.72909	42.0	130万8,187	319万3,818	8.2
利用したいができなかった	1万8,005.86935	59.2	155万6,453	397万6,026	10.3
利用意思がなかった	1万2,592.66866	34.2	113万8,551	264万6,557	7.1

ただ、一元配置分散分析はあくまで「グループによって差があるよ」ということがいえるだけで、具体的にどのグループ同士の間に差があるといえるのかを検証するには、追加で別の統計分析をしないといけないのですが、そちらの分析のほうでは、ほとんどの場合で有意な差は出ませんでした。そういう意味では、自治体間の差は「少しそんな傾向があるかも」くらいの話です。

6　図書館の特徴

図書館の特徴について、同様に一元配置分散分析をすると、図書館に行った／行かなかった／行きたくても行けなかったグループの間で有意な差が出たのは、延べ床面積、専任職員数、蔵書冊数、貸出回数、そして図書館数でした。グループごとのそれぞれの平均値をまとめたものが表11―6です。

図書館の特徴についても自治体の特徴と同様の結果を示していました。つまり、図書館に「行った」人が住む自治体の図書館は、「行かなかった」人の自治体の図書館よりも大きく――単純に面積が広く、蔵書冊数も専任職員数も多く――、よく使われていて（貸出回数が多い）、そもそも図書館数（分館数）も多くなっていました。しかし、やはり「行きたくても行けなかった」人の自治体のほうが、すべての値が「行った」自治体よりも大きくなっているのです。

さらに前述の「その後の検証」でも、「行った」人とほかのグループの間には有意な差は出なかったのですが、「行きたくても行けなかった」人と「(行く気がなくて）行か

なかった」人のグループ間の差は、ほとんどの場合、有意でした。特に最も大きな差が出たのは自治体の図書館数で、「行きたくても行けなかった」人が住む自治体のほうが図書館が多い、つまり分館数などが多い傾向があったのです。

ちなみに以上はすべて、そもそも中学生以下の子どもと同居している人の話です。子どもの有無を限定しない場合には結果は違ってきて、図書館数について、行った／行かなかった／行きたくても行けなかった、に有意な差はなくなります。

以上を踏まえると、基本的に子どもをもつ人が図書館に行きやすいのは、より大きな自治体にある大きな図書館であるのは間違いないのですが、大きすぎる自治体、特に分館数が多い自治体では、小さい自治体よりもかえって子連れで図書館に（行きたくても）行きづらい、という状況があるようです。その理由まではこの分析ではみえてこないわけですが、前の分析での子連れ利用のおもな移動手段は自家用車である、という結果と合わせて考えると、一つには分館数が多いと個々の駐車場が小さいか、あるいは存在せず、一方で中央館が遠かったり行きづらかったりするという、冒頭で筆者が述べたような状況が発生しているとも考えられます。もしくは、大都市でそもそも自家用車をもっていない家庭が多い自治体なんかでも、子連れの図書館利用が困難という問題が発生しているのでは、という仮説が、成り立ちそうですが、牽強付会ぎみのような気もします。

おわりに——質的にやらないとだめだよなあ……

ある人物が図書館にかぎらずある施設に行くかどうかの確率は、その施設の魅力度と、来訪にかかるコストから算出することができる、と考えられます。今回のケースにそれを当てはめると、図書館の「魅力」も「コスト」も、子どもを連れていく場合とそうでない場合で変わってくる、ということを考える必要があることがわかります。すなわち魅力とは蔵書だけではなく子連れで参加しやすいイベントなどの有無であり、コストつまり行きやすさとは、単純な近さではなく子連れに適した交通手段を使いやすい、という……いってみれば当たり前の話ですが、その重要性を少しは示唆できたかな、と思います。

より踏み込んで分析するとすれば、冒頭で述べた「お出かけ」にふさわしい空間・周辺施設になっているか、みたいな観点も出てくるわけです。後者については手持ちのデータもあるので（周辺事業所数とか）できないことはないのですが、本格的に分析するとなれば、インタビューなどの質的調査をするべき話でしょう。

……ついにやるかあ、質的調査。本当にできるのか多少の不安を抱えながらも、質的調査に乗り出す必要がありそうです（その後、本書原稿執筆時点では開始しています）。

注

（1）佐藤翔「子の有無と図書館利用・情報行動の関係」、第十四回情報メディア学会研究大会発表資料、二〇一五年

（2）ただ、類型化調査のほうでは、子どものためだけに図書館を利用している人は、近所の図書館が閉館しても特に自分や家族に大きな影響はないと考えているという結果も出ていて、実際のところ、そこはよくわかりません。

第12章 「あなた」はなぜ、図書館に行くのか

1　図書館利用をモデル化したい

本書で述べてきたこれまでの話は、筆者にとっては全部関連していて、おおまかに図書館の「利用」と、それに影響を与える要因について扱っているつもりです。もともと筆者は図書館情報学のなかでも、情報利用行動の研究におもに取り組んできていまして、最近はとりわけ公共図書館の利用の仕方がどう決まるのかということや、利用したりしなかったりの決定要因を、さまざまなレベルで明らかにしようと試みているわけです。

公共図書館のなんらかの「利用」（来館や、貸出をはじめとするサービスの利用の有無、利用される回数など）がどういう要因に左右されるのかについては、それは先行研究の積み重ねがすでにあるのですが、どういうレベルで測るかについては、個人（ある人が図書館を利用するかどうかや、利用頻度）、図書館（ある図書館のあるサービスなどが利用される回数）、コミュニティー（ある自治体などで、図書館が利用される回数）を単位とする研究におおまかに分けられる、とされています。(1) そのほかには当然、資料に注目して、利用（貸出や引用）回数や利用の有無

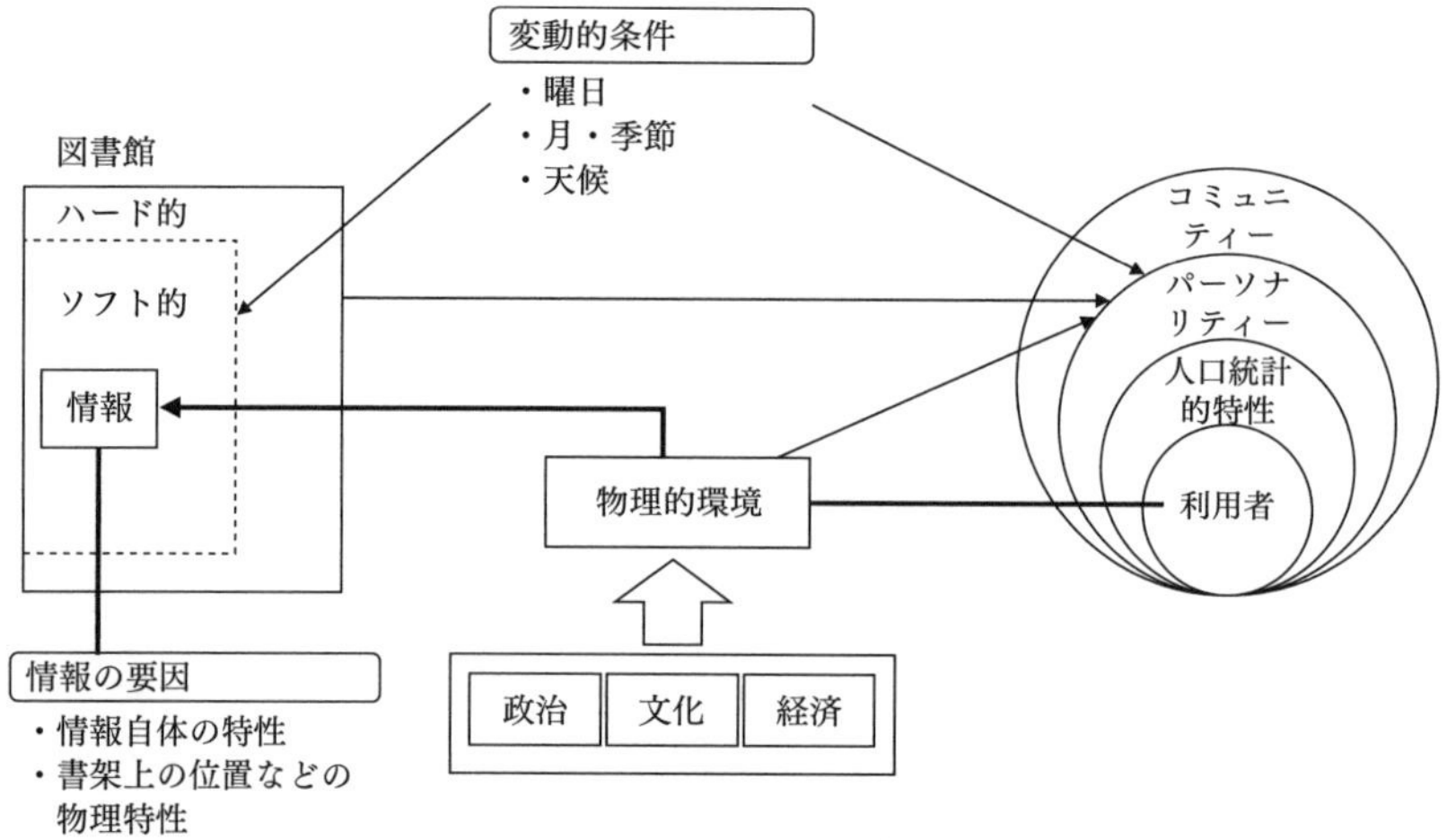

図12―1　公共図書館利用の概念モデル（筆者改訂版）
（岸田和明「公共図書館の利用に影響を与える要因」〔三田図書館・情報学会編「Library and Information Science」第24号、三田図書館・情報学会、1987年〕の第1図を再現したうえで、「情報の要因」と「変動的条件」を筆者が追加）

がどういった要因に左右されるかという研究が、もう山ほどあります。また、ある図書館に限定して、日ごとの利用回数の違いや、時間帯による利用者数の違いをみる、という研究もあります。そしてもちろん、それらの項目は相互に関連しあっているわけです。

日本の図書館利用の計量的分析の第一人者は慶應義塾大学の岸田和明教授で、岸田教授は図書館の利用に関する概念モデル[2]を三十年以上も前に作っています。そのモデルに、ある日、ある資料（情報）が利用される、という状況に関する要素を筆者が追加したものが図12―1です。この全容を明らかにすることができれば、「ある日（あるとき）、ある利用者が、ある資料（あるいは情報・サービス）を利用する」という行為にどういう要因が影響しているのか、というミクロなレベルから、それが積み重なって、ある図書館、あるいはあるコミュニティーの図書館の利用数はどのように決まるのか、というマクロなレベルまでを一連のプロセスとして理解することができるようになるはずです。博士論文をもう一回書くような研究になりますが……。いや、図にしてみるとよくわかりますが、博士論文どころではすまない壮大な計画になっています。夢としてはそれくらい大きいものを描きながら、着手できるところから少しずつやっていこう、というつもりで日々の研究をしています。で、本章では新しいテーマとして、利用者のパーソナリティーと図書館利用について話をしていきます。

2　データと分析手法――NDL情報行動調査のデータをロジスティック回帰にかける

……といってもすでにふれたとおり、実は「個人」の単位、つまり、ある人が図書館に行ったり行かなかったりすることにどういった要因が影響しているのかを計量的に分析するのは、図書館情報学分野では比較的古典的な研究です。いろいろな要因の検証がおこなわれていますが、特に複数の研究で重要性が指摘されているのは教育の効果です。要するに、学歴が図書館利用に影響する（高学歴の人のほうが利用する）ということで、読書や調べ物をおこなう頻度を考えればそれは当然の結果ではないかという気もします。ただ、学校教育を補完する存在という公共図書館の成立・発展の際の理念からすると、それを当然と思うのは敗北ではないのか、という気もします。このあたりのことは脱線なのでさておき、これは古典的な研究なので、論文などにするときは自分のオリジナリティーはどこにあるか、といったことを考えなければいけないのですが、本書は論文ではないので、本音を中心にいきましょう。これまでにもたくさん研究されているのは知っているけれど、自分でもやってみたいのです。

もちろんそんな「やってみたい」程度の理由で質問紙調査（個人を単位とする研究では一般に質問紙調査、いわゆるアンケートが使われます）をやったのでは、協力してもらう回答者にも失礼ですし、予算を使ったら支出元にも申し訳が立たないわけですが、今回は新規の質問紙調査は一切おこなわないのでその点は問題ありません。本書でもここまでですっかりおなじみになった、NDL情報行動調査のデータを使っていきます（今回は二〇一九年版）。

ＮＤＬ情報行動調査をどう使うかですが、今回は図書館にどれだけ税金が使われたとしても許容できるかを検討した第10章でも使ったロジスティック回帰分析によって、一年間の公共図書館利用の有無にどういった要因が影響しているのかを検証してみたいと思います。

３　結果――囲碁・将棋が趣味の人は図書館を利用する！

まずはある人が、過去一年間に図書館を利用したかどうかを予測するロジスティック回帰分析をおこなってみたいと思います。目的変数（予測する結果）はＮＤＬ情報行動調査の過去一年間の図書館の利用状況についての回答を、「利用した」と「利用していない」の二値にまとめ直したものとしました。説明変数（利用に影響する要因）の候補には、以下の項目を入力しました。

①人口統計的特性
・性別、年齢（ＮＤＬによる十歳区切りのデータ。なお、ＮＤＬ情報行動調査は二十歳以上が対象。）
・職業
・世帯年収
・居住地域（都道府県単位）
・最終学歴

②パーソナリティー
・趣味（スポーツ・ジム・武道など、ＮＤＬが設定した項目からの複数回答式。回帰分析に入力する際には、各趣味を

選んだかどうかのそれぞれが一要因という扱いになる。）
・メディア利用頻度（テレビ・ラジオなどＮＤＬが設定した項目について、利用頻度を選ぶ形式。それぞれが一要因という扱いになる。）
・情報発信行動（動画アップ・ブログ執筆などＮＤＬが設定した項目について、実施頻度を選ぶ形式。それぞれが一要因という扱いになる。）
・文化活動（博物館などの訪問、史跡訪問などＮＤＬが設定した項目について、実施頻度を選ぶ形式。それぞれが一要因という扱いになる。）
・読書量（紙・電子・ウェブ、小説・小説以外・雑誌・マンガ別に、読書量を選ぶ形式。組み合わせのそれぞれが一要因という扱いになる。）
・インターネットでは情報が足りず、本や雑誌を調べた経験（頻度を回答する形式。）

③コミュニティー
・現住所での居住期間の長さ
・地域への愛着の程度
・地域活動への参加状況

説明変数の数が多いので、大学のころの統計の先生がみたら注意されそうな気もしますが、まあ気にせず分析してみましょう。統計ソフトががんばって出てきた結果が、表12―1です。細かい話[3]はさておき、説明変数の候補として入力した項目のなかで、この表に残ったものが実際の予測に有効だった（利用の有無に影響すると考えられる）要因です。Exp（β）という値が一より大きい、または小さい（つまり一から遠い）ほど影響力が大きい、と見なせます（「定数」は無視してください）。

表12－1　ロジスティック回帰分析結果

	β	標準誤差	Wald	自由度	有意確率	Exp（β）
性別	-0.316	0.075	17.557	1	0.000	0.729
年齢（10歳区切り）	0.010	0.003	13.945	1	0.000	1.010
職業	-0.019	0.008	5.161	1	0.023	0.981
世帯年収	0.045	0.012	13.928	1	0.000	1.046
最終学歴	-0.124	0.033	13.860	1	0.000	0.884
趣味：音楽鑑賞	0.224	0.076	8.670	1	0.003	1.251
趣味：料理・菓子作り	-0.226	0.105	4.591	1	0.032	0.798
趣味：囲碁・将棋・ボードゲーム	-0.436	0.183	5.701	1	0.017	0.647
ラジオ	0.118	0.021	32.365	1	0.000	1.126
映画	-0.094	0.032	8.618	1	0.003	0.911
動画投稿	0.192	0.041	22.014	1	0.000	1.212
SNS 投稿	-0.073	0.028	6.974	1	0.008	0.929
博物館・美術館など	0.359	0.051	48.839	1	0.000	1.432
講演会など	0.245	0.049	25.184	1	0.000	1.277
インターネットでは情報が足りず、本や雑誌を調べた経験	0.246	0.037	44.624	1	0.000	1.279
読書量：紙・小説	-0.280	0.020	195.172	1	0.000	0.756
読書量：紙・小説以外	-0.139	0.023	37.292	1	0.000	0.870
読書量：電子・小説	0.089	0.033	7.509	1	0.006	1.093
現所在地居住期間	0.102	0.029	12.014	1	0.001	1.108
地域への愛着	0.232	0.048	23.199	1	0.000	1.261
地域活動への参加	0.338	0.039	75.854	1	0.000	1.402
定数	-4.219	0.399	112.038	1	0.000	0.015

表12－2 ロジスティック回帰分析による予測と実際の回答の関係

	予測：利用	予測：非利用	正解率
実測：利用	1,255人	815人	60.6%
実測：非利用	510人	2,420人	82.6%
		合計正答率	73.5%

全項目のなかで最も影響力が大きいのは「博物館・美術館など」（への訪問頻度）、次いで「地域活動への参加」です。NDL情報行動調査では項目によって回答の並び方が違う（「博物館・美術館など」は頻度が高い順に一から五になっているのに対して、「読書量」などは少ない順に一からになっている）ので表の見方がややこしいのですが、表12―1のExp（β）をみると、博物館・美術館によく行っていたり、地域活動に参加していたりするほど、図書館を利用している、ということがわかります。もっとも前者は、影響ではなく単純な相関（博物館などに行く人は図書館にも行く、というだけで因果関係はない）でしょう。

趣味のなかでは、個人的に意外なのですが、囲碁・将棋・ボードゲームの影響力が最大でした。囲碁・将棋・ボードゲームが趣味の人は図書館を利用する確率が高い、ということになります。ほかには料理・菓子作りも図書館利用に正の影響を与える一方、音楽鑑賞が趣味の人は図書館にあまり来ない、という結果でした。

図書館利用と関係する趣味として読書が残らなかったのは意外でしたが、これはおそらく趣味に読書を挙げるかどうかより、読書量のほうが直接に影響するためでしょう。紙の小説、紙の小説以外、そして電子書籍の小説の読書量は図書館利用の有無に影響していて、紙の本（特に小説）を読む量が多いほど図書館を利用する確率が上がる一方、電子小説ではわずかに下がりました。このあたりは年齢との兼ね合いもあるはずで、細かく検討するには分析の仕方を見直す必要がありそうです。

年齢や性別、職業、世帯年収、最終学歴などの人口統計的要因はすべて図書館利用に関係しましたが、性別（女性のほうが図書館を利用する傾向があります）以外の影響はごくわずかでした。ここは今回の分析で最もうまくいっていないところで、今回は試しにデータをあまり手を加えずモデルに入力しているのですが、年齢と図書館利用の関係はいささか複雑です（成人に関しては三十代と四十代の子育て世代と六十代以上の高齢者、という二回の利用のピークがある)、最終学歴や世帯年収は年齢と密接に関係してしまいます。それらを無視して単純に予測に入力してもあまり成果は得られないのでしょう。

このように問題点を指摘しながらも、今回できた予測モデルの精度(どれくらい予測できるか)はそう捨てたものではなさそうです。実際にこの式に当てはめて、〇・五を基準にして図書館を利用する/しないを説明変数から予測した結果と、実際の観測結果(本当にその人が利用したかどうか)を照らし合わせたのが表12―2です。全体的に利用していない人のほうが多いため、モデル自体が「非利用」寄りに予測するという事情もあるのですが、「利用しない」予測は八二・六%、「利用する」予測は六〇・六%の確率で当たっていて、合計では七三・五%のケースで利用の有無を予測できた、ということになります。予測は今回の目的ではないものの、まずまずの結果でしょう。

ちなみにパーソナリティー特性を一切抜いた(人口統計的特性とコミュニティー特性だけの)モデルも作ってみたのですが、そちらは予測の正解率が六一・三%とかなり落ちてしまいました。当たり前のことですが、パーソナリティーは図書館利用に大きく影響しているようです。

おわりに――最終的な成果はいつの日か

結果は正直、さして目新しいものにはなりませんでしたが、とりあえずデータを入力して分析してみただけの段階としてはまあこんなものでしょう。少なくとも趣味などのパーソナリティーが図書館利用の有無に影響すること、特に読書以外の要因も関係するらしいことがわかったのは興味深いところです。やはり図書館はインドア派に親しまれるのでしょうか……。近年の図書館でのボードゲームブームの後押しになるような結果、といえるかもしれません。

そして、今回は日本全体を対象にするNDL情報行動調査を使って分析してみましたが、いずれはこの個人を単位とする調査に、図書館・コミュニティーを単位とする量的調査や、資料を単位とする調査を加えて、全部同じ自治体などでやってみたいところです。そうすると、ある自治体の、資料⇕個人単位⇕図書館・コミュニティーの間での「利用」の関係の全体像がみえ、図書館の「利用」のメカニズムをより精緻にとらえることができる、と思うのですが、それは引き続きこれから、おいおいおこなっていきたいと思います。まずは、ロジスティック回帰分析にかける前に、投入するデータをきちんと整理するところから始める必要があります（項目の順序をそろえるなど）。着眼大局、着手小局。三十年から三十五年後くらい（つまり筆者の定年退職くらい）までに完成させることを目指していきましょう！

注

（1）前掲「公共図書館の利用に影響を与える要因」

（2）同論文

（3）統計的な話に興味がある人のために補足すると、変数増加法ステップワイズ方式を用い、ステップ21まで実施しています。有意確率は $p<0.05$、ホスマー・レメショウ検定結果は $p>0.575$ なので、モデルは有意といっていいでしょう。

第13章 人々は図書館のどんな写真をSNSで発信しているのか

1　していない「Instagram」について堂々と語る方法

本章のもとになった原稿が雑誌に掲載された当時（二〇一七年）は、「インスタ映え」という言葉が世に定着しはじめたころでした。総務省の調査(1)によれば当時、「Instagram」のサービス普及率は当時二〇・五％で、二十代に限れば四五％にまで達していました。「Instagram」は「Facebook」「X（当時は「Twitter」）」に続く第三のソーシャルメディアとしての位置づけを確かなものにしていました（「LINE」はやや特殊な性質をもつので除く）。その後はみなさんご存じのとおり、「Instagram」はさらに普及していき、最もよく使われるSNSの一つになっています。ソーシャルメディアの特性である社会的相互作用を通じた拡散について考えると、図書館自らが「X」や「Facebook」でPRをおこなっていくだけでなく、フォトジェニックな空間としてユーザーに自発的に発信してもらえるならば、そちらのほうがより効果的であることは間違いありません。さあ、みなさんも今日から写真を活用しましょう。

……というような話をよく図書館向けの研修会などでしていたのですが、言っている筆者本人は実はあまり「Instagram」を使っていません。仮にも図書館情報学者を名乗り、あまつさえ「かたつむりは電子図書館の夢をみるか」なんてタイトルでブログや連載をしているからには、最新の技術・メディアにはついていきたいと思っているのですが（とはいえ「電子図書館」というのもずいぶん古くさい表現ですが）、そうはいっても筆者は四十手前のおじさんです。そもそもフォトジェニックって、一体誰がどこからそういう単語を見つけてきたのでしょう。そしてなぜ定着するのでしょう。

しかし、そこでわからないからといって「「Instagram」なんてあんなの、必要ありませんよ」「みなさん「はてなダイアリー」をやりましょう」（本書執筆時点ではサービス終了）と言いだすような、自分がついていけなくなったものを否定して過去にすがる存在になるのもまた、よくないことであり、ついていけないおじさんはおじさんなりに、「Instagram」と図書館の付き合い方を考え、何かしら有用な知見を導き出したいものです。だいたい、おこなっていないものについては語れないというのなら、図書館員として働いたこともなければ図書館を運営したこともない自分が図書館情報学をできる道理もない、ということになります。そんなわけはないのであり、自分がおこなっていないものについてだって語る方法はいくらでもあります。例えば、そう、データを取ってくればいいのです。

2　「Instagram」×図書館——データ取得篇

ソーシャルメディアに関するデータを入手したいと思ったとき、取れる方法はいくつかありますが、そのうち最も信頼がおける手法の一つは、筑波大学の吉田光男さんに頼ることです（ただし、得られたデータを分析して、あとで共著の査読論文としてまとめることが必要です）。吉田さんと筆者はProject Lie（Library and Information

Engineering）という筑波大学で図書館情報学や情報科学を研究している比較的近い年代の仲間でおこなっていた企画を通じて仲良くなり、多くの共同研究をおこなっています。吉田さんは「X」などのテキストベースのソーシャルメディアの分析で知られる研究者であり、主要なソーシャルメディアの投稿を継続的に収集・保存されています。収集したデータを用いたサービスも展開していて、例えば日本の論文がソーシャルメディア上でどのように言及されたかを閲覧できるサイト「Ceek.jp Altmetrics」などを運用されています。その吉田さんに、今回は「Instagram」上でハッシュタグ「#図書館」を含む投稿を収集してきてほしい、とお願いしました。そのとき、コメントやハッシュタグなどのテキストだけでなく、投稿された画像そのものの収集もお願いしています。相当の時間を要するものと思いましたが、あっという間にデータセットを作ってもらいました。吉田さんにこの場を借りて感謝を申し上げます。

データの取得は二〇一七年八月に実施し、その時点で「#図書館」をテキストに含む投稿十万七千三百六十七件を収集しました（実際には「#図書館」を含む投稿は、当時十二万件以上あったはずなのですが、画像の取得に成功したものは十万七千三百六十七件にとどまりました）。画像そのもののほかに、付随して投稿されたテキストや、投稿に対するコメント、投稿日時などのデータも取得しています。これらのデータを使って、本章では以下の三つの分析をおこなっていきます。

①ハッシュタグの分析——「#図書館」と共起する（一緒に出てくる）タグは何か

「Instagram」では投稿時に、内容を表す（とは、必ずしもいえないのですが）キーワードを「#」に続けて付与する、いわゆるハッシュタグを付けることができます。「X」などでおなじみの機能ですが、「Instagram」の場合はハッシュタグを付けて非常に長い文を投稿したり、ハッシュタグをたくさん付けて、続けて読むと文のようになっていたりするなど、かなり独特のハッシュタグ文化があるようです。

このハッシュタグについて、「#図書館」を含む投稿には（「#図書館」のほかに）どんなものが付いているのかを分析します。これによって、図書館について「Instagram」に投稿する人が図書館のどんな側面に注目しているのかをみていきます。

②固有名詞分析――「Instagram」に最も頻出する図書館はどこか

ハッシュタグのなかでも、図書館の固有名に関するものを抜き出して集計します。「Instagram」の投稿の多くは、固有の図書館名を出していないのですが（そこから居住地などを特定できてしまうからでしょうか）、そのなかであえて図書館名が明記されているときは、名前を出して紹介したいような図書館である（あるいは、自分がその図書館に行って、写真を撮ったことをアピールしたいような図書館である）と考えられます。はたして「Instagram」一番人気の座はどの図書館がつかむでしょうか。

③画像分析――どんな写真の投稿が多いのか

「Instagram」の投稿を分析するからには、いちばん重要なのは画像そのものの分析です。「#図書館」を含む投稿にどんなものが写っているのかをみていくことで、人々がどんな「#図書館」を見てほしい、見せたいと思っているのかがわかります。ここから、図書館に対する人々の印象を探っていくことも可能でしょう。

とはいえ、機械的な集計が容易な（筆者程度の技術でも）テキストの集計とは異なり、画像を機械的に分析するとなると専門的なスキルが必要です。人工知能を使ってスマートに分析できればいいのですが（そしてそう考えて人工知能の勉強に手をつけてはいるのですが）、残念ながら現在の筆者にそんなスキルはありません。

そこで機械での分析については今後の課題ということにして、とりあえず本章では人の目で見て何が写っているかを調べていくことにしました。これも将来的にはアルバイトに任せられるように作業マニュアルを作って進めたいところですが、当面、用意がないので自分の目で見てチェックしていくことにします。十万七千三百六十七件の投稿のなかから、ランダムに選んだ百件について、被写体を確認してラベルを付けていくことにしました。

この程度のサンプル数だと誤差はかなり大きくなりますが、これを端緒ということでいいでしょう。いずれ人海戦術で三千件くらい調べたうえで、確かなことを論文にまとめていきたいと思います（こんな話ばかりですね）。
それでは、さっそくですがそれぞれの分析の結果をみていきましょう。

3　ハッシュタグ分析――本と図書館にはコーヒーがよく似合う

表13―1は「#図書館」を含む投稿のなかで、「#図書館」のほかに多いハッシュタグを上位三十位まで示したものです。当然といえば当然ですが、いちばん多いのは「#読書」で、全投稿の四分の一以上にこのハッシュタグが付いています。ついで「#本」も多く、同じく四分の一以上に付いています。以下、「#library」を除くと、上位は読書に関するハッシュタグが占めています。「#読書」だけではなく、「#読書記録」「#読了」なども多いため、「こんな本を読んだよ」という読書記録を残すことに「Instagram」が使われていることがわかります。あるいは、読書記録を残しているんだよという体で、自身を読書家としてアピールするのに使われているのかもしれません。

読書家のアピールというと意地が悪すぎました。純粋に、本好きな人同士で読んだものを共有したい、という意図もあるのかもしれません。実際に、読書関係のハッシュタグのなかでも「#読書倶楽部」「#読書好きな人と繋がりたい」「#本好き」「#本好きな人と繋がりたい」など、本や読書が好きな人同士のつながりを得たい、という意図を示すタグが付されているケースが少なくありません。本が好きな人に対して「本が好きです」と公言するのは勇気がいる気もしますが（相手のほうが本が好きだったらどうするのでしょう。フョードル・ドストエフスキーを全部読み込んでます、みたいな人だったら……!）、ソーシャルメディア上でなら、気軽に発信できるということもあるかもしれません。

読書関係のなかで少し毛色が違うのが「#絵本」と「#読み聞かせ」です。第5節の画像分析でもふれますが、「Instagram」で図書館について投稿する人は、絵本や読み聞かせ、それに児童書など、児童に関連する話題を取り上げることが結構多いようです。

「#勉強」、「#勉強垢」(垢＝アカウントの略)、「#建築」「#architecture」などは、ここでは「空間利用」としてまとめました。本・読書のために来るというよりは、勉強などをする場としての図書館利用や、図書館建築そのものに興味があるような場合に該当します。勉強をしている自分のアピールも「#図書館」の重要な要素のようです。

空間利用に関して特徴的なのは、なんといっても「#カフェ」「#コーヒー」の多さです。「#紅茶」は百十七

表13－1　「Instagram」の「#図書館」投稿に共起するハッシュタグ上位30位

ハッシュタグ	投稿数	分類
#読書	28,546	読書
#本	26,378	読書
#library	15,077	図書館一般
#読書記録	11,879	読書
#book	11,356	読書
#絵本	10,567	児童
#読了	5,560	読書
#小説	5,344	読書
#読み聞かせ	4,505	児童
#読書倶楽部	4,219	読書
#勉強	3,589	空間利用
#本が好き	3,252	読書
#カフェ	3,011	空間利用
#books	2,977	読書
#japan	2,659	
#reading	2,323	読書
#建築	2,165	空間利用
#bookstagram	2,146	読書
#読書好きな人と繋がりたい	2,098	読書
#本好き	1,993	読書
#本好きな人と繋がりたい	1,975	読書
#コーヒー	1,953	空間利用
#図書館で借りた本	1,947	読書
#映画	1,897	
#architecture	1,878	空間利用
#instagood	1,826	
#写真好きな人と繋がりたい	1,723	
#音楽	1,696	
#勉強垢	1,500	空間利用
#도서관	1,424	図書館一般

*「도서관」は朝鮮語の「図書館」
(データ取得：吉田光男〔筑波大学〕、分析：筆者)

件しか投稿されていないのに、「#コーヒー」は約二千件。十数倍の差があります。図書館と読書、カフェと勉強にはコーヒーがよく似合うようです。紅茶好きにとっては残念な結果ですが、ここは粛々と受け入れましょう。先日、愛知県の豊橋市中央図書館に用事があっておじゃましたところ、図書館の前にコーヒー販売車がよく来ているということでしたが、実態にかなったすばらしい施策といえます。紅茶を出している図書館はいますぐコーヒーに入れ替えるべきです（マイノリティーをサポートするという、図書館にとって重要な立場のことはここではいったん忘れましょう）。

4　固有名詞分析――いまフォトジェニックな図書館はここだ！

表13―2は「図書館」を含む投稿に付与されたハッシュタグのなかで比較的数が多かったもののうち（付与数百件以上）、図書館名などを名寄せして、出現数が上位のものをまとめて示しています。「#○市　#○市立図書館」など、自治体名と図書館名は同時に投稿されることが多いため、自治体名に関しては対象にはせず、図書館名だけを集計しています（例えば「#ぎふメディアコスモス」と「#みんなの森ぎふメディアコスモス」を合算する、など）。それでも両方付けている投稿者がいる可能性もあり、若干、総数が増えてしまっていることが考えられます。

これらの図書館は、いまの図書館界のなかでも特に「インスタ映えする」「フォトジェニックな」図書館だと考えられます。ざっとみるかぎり、なるほど納得の布陣で、どこも特徴的な建築が話題になったり最近オープンしたりしたところです。

フォトジェニックという点は共通していても、それぞれの図書館で投稿される写真の傾向には多少の差があります。例えば桁違いの一位であるぎふメディアコスモスの場合、よく投稿されるのは館内の写真で、特に特徴的な天井や傘がよく写っています。石川県の金沢海みらい図書館（ここは外観も多い）や東京都の武蔵野プレイス、群馬県の太田市美術館・図書館、秋田県の国際教養大学中嶋記念図書館、富山市立図書館など、上位の大半は同じく、館内の写真が中心です。人物も写っているか／館内だけかなどの差はありますが、基本的には外観・内装がフォトジェニックなので、よく撮られ、投稿されているわけです。この話を日本図書館協会の研修会でぎふメディアコスモスの職員に話したところ、「館内での写真撮影はご遠慮願っているのですが……」と言っていましたが、あきらめたほうがよさそうです。フォトジェニックな図書館を作ったらよく写真を撮られるものであり、むしろそれを売りにしていくしかないものと思います（ほかの利用者の写り込みや表紙の著作権などの問題はありますが……。なおその後、ぎふメディアコスモスは写真撮影の方針を変え、撮影を認めるようになったようです）。

一方、堂々の第二位である大阪府立中之島図書館の場合、最も多いのは重要文化財である建物外観の写真です。それと同じくらい多いのは、当時オープンして話題になったカフェ「スモーブローキッチン ナカノシマ」のなかで撮影された写真でした。それ以外の、図書館が図書館として機能しているエリアの写真はあまり出てきません。フォトジェニックなのは外観とカフェなわけです。

表13－2　「Instagram」の「#図書館」投稿のハッシュタグに100回以上出現する図書館

図書館名	出現回数
ぎふメディアコスモス	1,556
大阪府立中之島図書館	851
金沢海みらい図書館	531
武雄市図書館	468
多賀城市立図書館	272
武蔵野プレイス	271
太田市美術館・図書館	244
国際教養大学中嶋記念図書館	137
富山市立図書館	121
奥州市立胆沢図書館	107

佐賀県武雄市、宮城県多賀城市などのCCC（蔦屋書店の経営元）が運営する図書館は「Instagram」の常連です。基本的に館内写真が多いのはほかの上位の図書館と共通ですが、特徴的なのはなんといってもスターバックスエリアでの写真が多いことでしょう。ハッシュタグ全体の分析でもみたとおり、コーヒー・カフェは図書館と合わせて投稿されることが多い組み合わせです。それを館内に兼ね備えたCCC系図書館の強さがわかります。なお、CCC系では神奈川県の海老名市立中央図書館が上位に出てきませんが、これは首都圏に近すぎて、フォトジェニックなスタバが

ある空間で写真を撮りたい人の多くが、別の場所に行くせいではないかと考えられます。端的にいって、代官山蔦屋書店に行っているのではないでしょうか（週末とかは異様に混みますが……）。

投稿数百件以上の図書館のうち、最も例外的なのは岩手県奥州市の胆沢図書館です。ここは猫に関する本を集めたコーナー「猫ノ図書館」と「ねこ館長」で話題を集めた図書館です[2]。投稿されている写真も猫または「猫ノ図書館」の写真であって、背景に写っているのはごく一般的な図書館なのに多くの写真が投稿されている、というほかにない写真群になっています。ただ、それらの多くは図書館自身が発信している写真です。

表13－3　「Instagram」「#図書館」投稿画像の被写体（N＝100、重複あり）

被写体	出現回数
本の表紙・カバー	52
図書館の内観	15
図書館の外観	13
人物	5
飲食物・カフェ	5
書架	4
コーヒー	2
本の中身のページ	2
その他	7
画像が消えていた	1

5　画像分析——木のデスク・複数冊・子ども

表13―3はランダムサンプリングで分析した百件の画像について、そこに何が写っているかをまとめたものです。複数の被写体が写っていることもあるので、その場合には重複して集計しています。

実に過半数を占める圧倒的な第一位は、書影の画像です。以後、ご自身の「Instagram」の引用を快く了解してくれた近畿大学の岡本健さんの「Instagram」投稿を参考にみながら解説していきたいと思います。なお岡本さんは本章のもとになった連載原稿執筆当時、新著『ゾンビ学』[3]の出版が話題を集めていました。

図13―1が「Instagram」に本の書影を投稿している例です。「#読書記録」が頻出することからもわかるように、「Instagram」では図書館で借りた本の写真を撮って共有する、という使い方をしている人が非常に多くい

ます。カバーまたは表紙の著作権的にやや危うい気もしますが……。

多くの場合、本当に淡々と読書記録というか、どんな本を読んだかの発信に使っていて、一冊の本の書影を投稿しています。ただ、ときには図書館で借りた複数冊の本の書影をまとめて投稿していることもあります。その際には重ねてみたり、積んでみたりという遊び心も感じられます。

図13－1　「＃図書館」書影画像の例
この場合は図書館で借りた本ではないが、有川浩『図書館戦争』(〔角川文庫〕、角川書店、2011年）なので「＃図書館」
(出典：「Instagram」〔https://www.instagram.com/p/BVfEc5PFCni/?taken-by=zombiestudies2017〕)

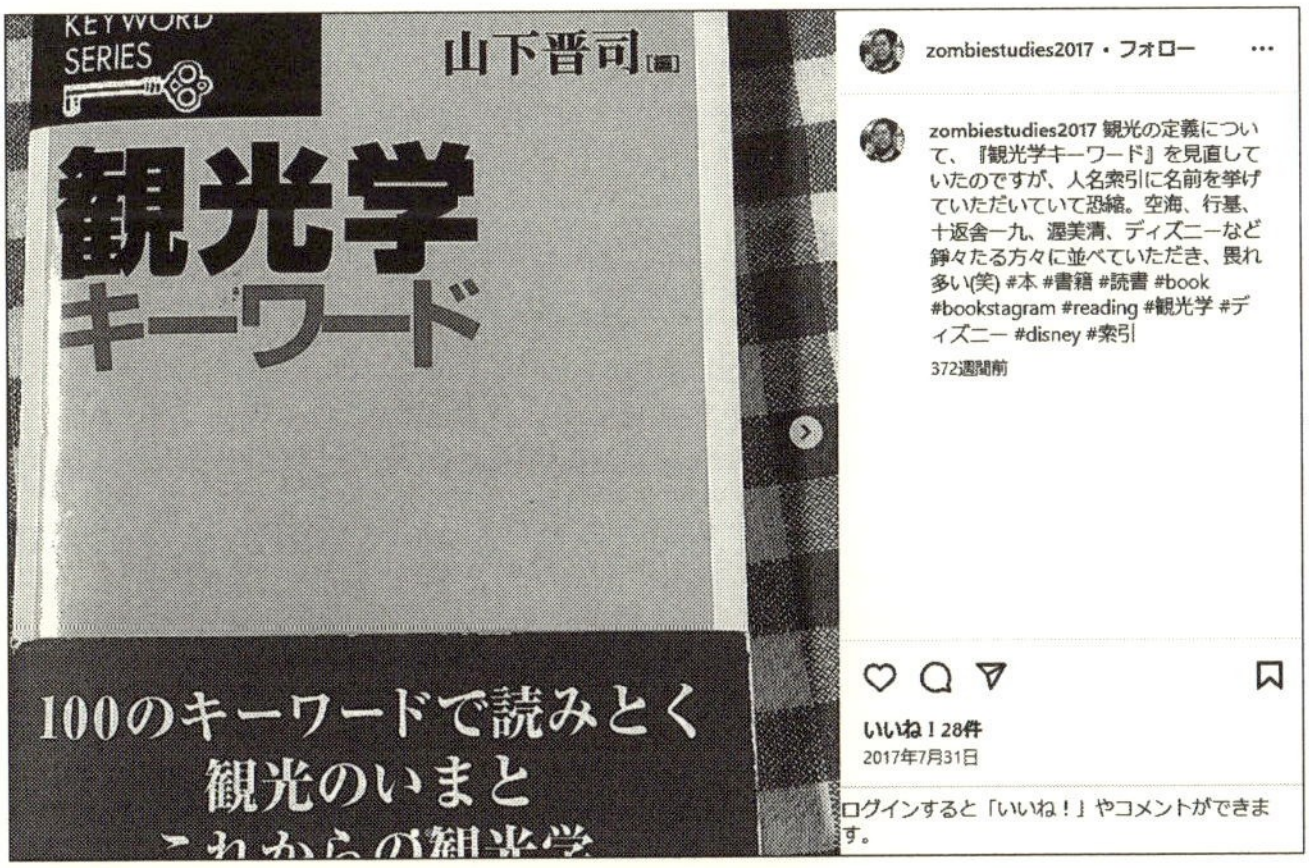

図13－2　背景が布の書影画像の例
図は図書館で借りた本ではないので「＃図書館」を含まないが、同様の撮り方を借りた本でおこなっているケースが一定数ある
(出典：「Instagram」〔https://www.instagram.com/p/BXMnhSdlt-e/?taken-by=zombiestudies2017LRG21_〕)

また、書影の撮影の仕方にも工夫がみられます。図13―1もそうですが、図書館で借りた本を図書館で撮影しているらしいケースはまれで、大半の人は借りたあとにどこか別の場所で撮影しています（なので、「#図書館」でありながら、実際には写真の大半は図書館ではない、どこかで撮られたものです）。撮影の仕方にもパターンがあって、非常に多いのは図13―1のように木目調のデスクの上で撮影する例です。表13―4に書影画像を投稿している場合の、撮影の仕方の詳細をまとめました。五十二件の書影画像中、実に十九件が木目調の机に本を置いて写真を撮っています。テーブルの大半は木目調だからだろうという気もしますが、オフィス机などの上で撮る人は

図13－3　「#図書館」図書館外観写真の例
被写体は国立国会図書館関西館。外観がフォトジェニック。ただし不便な場所にあるせいか、調べ物の用事がないなら特に行く必要がないためか、「Instagram」での「#図書館」との共起回数はわずか13回
（出典：「Instagram」〔https://www.instagram.com/p/BYdlxMQlghK/?taken-by= zombiestudies2017〕）

図13－4　「#図書館」コーヒーが写っている例
コーヒーと本が写っている典型的な写真（「#コーヒー」は付与されていない）。ただし、写っているのは自身の著書なので、画像だけでは図書館なのかどうかよくわからない。これも「#図書館」写真によくある傾向
（出典：「Instagram」〔https://www.instagram.com/p/Bap-4UdFz2c/?taken-by= zombiestudies2017138〕）

あまりいません。

そのほかに多いのは、背景に布を用いるケースです。詳細は自分のようなおじさんにはわかりかねますが、ほどほどにおしゃれな布の上に本を載せて撮影している例は多いです（図13―2）。もっと特徴的なものでは小さなオブジェなどの小物が近くに置かれます。

被写体になる本は比較的多様ですが、そのなかでも多いのは児童書です。また、児童書をただ並べるだけではなく、子どもが一緒に写っているとか、本を持つ子どもの手だけが入っているケースも多いです。コンテンツとしての子ども。筆者にも子どもができたのでよくわかります。子どもの写真は投稿したい、ということでしょう（筆者はしませんが）。だってかわいいから、です。

手は重要な小道具で、子どもの手を入れるほかに、ネイルアートが施されている手を写り込ませることもしばしばあります。本当にアピールしたいのは本なのか、手なのか。

書影以外では、当たり前ですが内観か外観（図13―3）が多いです。ただ、すべて合わせても書影の半分程度の件数にとどまっています。つまり「Instagram」で「#図書館」と投稿する人の大半は、図書館ではないものを撮影しているわけです。図書館一般はフォトジェニックというわけではない、という可能性が強く示唆されます。

表13―4　「Instagram」「#図書館」で表紙を被写体とする写真の詳細（N＝52、重複あり）

被写体	出現回数
背景が木目調の机	19
複数冊の本	16
児童書	12
背景がなんらかの布	10
手が写っている	6
小物が写っている	5
子どもが写っている	4
背景がおしゃれな壁	2
飲食物が写っている	2

それを裏づけるかのように、「#図書館」なのに図書館ではない別の場所が写っているケースも多いです。具体的にはカフェやバーなどです。借りた本を持っていったのか、図書館帰りに寄ったのか。後者なら、なぜ「#図書館」を付けたのでしょう。

書架の写真もたまに出てきますが、面白いのは、図書館の書架にはかぎらない、という点です。どう見ても自宅の書架だろう、という場合がしばしばです。「図書館みたいな自分の本棚」をアピールしたい、ということでしょうか……。よくわかります、本棚の効用の一つはアピールであり、威嚇になるということです。

そして、コーヒーです（図13―4）。コーヒーそのものが写っているケースは少なめでしたが、それでも百件見たら二件は交ざってくるくらいの頻度でありました。面白いのは、本が一緒に写っていないコーヒーだけの写真でも「#図書館」が付いていることです。極め付きには、道の途中で手に持っているコーヒーカップ（紙）を写しただけの写真に「#図書館」が付いています。図書館への行きか帰りなのでしょうが、図書館ではなく、本でさえなく、コーヒーを撮る。コーヒーって、どれだけフォトジェニックなのでしょう。というか、厳密にはコーヒーが入っているカップですが。各図書館は適度におしゃれなコーヒーカップ（紙）に入れたコーヒーの移動販売をいますぐ誘致すべきでしょう。

6 フォトジェニック坂は登り始めたばかり

まだ分析しはじめたばかりなので、ごくごく表層的な部分しかみられていませんが、それでもハッシュタグ、固有名詞、ランダムサンプリングした画像分析の結果から、いくつかのことがみえてきました。

①「Instagram」で「#図書館」と投稿する人の大半は、図書館そのものを撮っていない。
②いちばん多いのは書影の写真。目的は読書記録・読書共有（アピール）。
③日本の多くの図書館はフォトジェニックではない。その証拠に、図書館の本をどこか別の場所に持っていって撮影している。
④図書館によく合うのはコーヒー。

特に画像分析についてはおおまかな感触はつかめたので、以後はマニュアル化して人海戦術でさらなる検証を進めていきたいところです。

さらに分析の今後の発展の可能性もいろいろ考えられます。まず思いつくのは、「#library」との比較。海外の「#library」に関する投稿は、どうも日本の「#図書館」と違うような感触があります。まだ量的には検証していませんが、例えば、同じ書影を撮るのでも読書記録ではなく遊びとして撮っているようで、具体的にはカバーや表紙に人物が写っている本を見つけて、それと自分を重ねる遊びがよくおこなわれています。館内で勉強したり本を読んだりしている自分が写った写真の投稿も多い気がしています。ここから図書館に対する印象の違いがみえてきそうです。あとは、イギリスでもコーヒーが多いのか、さすがに紅茶なのか、ということも地味に気になります。

もう一つは、「Instagram」ではなく「X」や「Facebook」に投稿される画像との違いをみてみるのも面白そうです。「X」で人気になるのはネタ画像であるとしばしばいわれますが、そうした「面白い」存在としての図書館にはどんな画像が投稿されているのかをみると、「Instagram」とはまた違う気になる結果が出てくる気がします。

まだまだやることはたくさんあるわけですが、なんといってもまずは、「Instagram」を自分でもやらないといけませんね（その後、使い始めましたが、本書を執筆している現在も自分で投稿することはないです。よく行くお店のストーリーとかを見るだけになっています）。

注

（1）総務省情報通信政策研究所「平成28年情報通信メディアの利用時間と情報行動に関する調査報告書」総務省情報通

信政策研究所、二〇一七年（http://www.soumu.go.jp/main_content/000492877.pdf）［二〇二四年五月二十四日アクセス］

（2）渡辺貴子「小さな図書館の挑戦——「猫ノ図書館」開設とねこ館長」、国立国会図書館関西館図書館協力課編「カレントアウェアネス」第三百三十三号、日本図書館協会、二〇一七年

（3）岡本健『ゾンビ学』人文書院、二〇一七年

第14章　図書館への就職希望者が増えるのはどんなときか

はじめに――司書課程って知ってますか？

筆者は「はじめに」で述べたとおり図書館学者（あるいは図書館情報学者）です。数ある研究分野のなかでもマイナーなほうなので、世のほとんどの人は、これまで図書館学者に遭遇することなく人生を送ってきた……とお思いでしょうが、実は探してみると日本の多くの大学（特に私立大学）に図書館学者は生息しています。それというのも図書館（都道府県立・市町村立などの、いわゆる公共図書館）で働く図書館員の資格である「司書」の取得には、大学・短期大学での学位取得と必要な科目の履修が必要であり、多くの大学がこの司書資格のための課程（司書課程）を設置しているからです。いわゆる文系の学部で取れる資格としては教員免許、学芸員資格と並んで有力な資格でもあり、全国の大学で図書館学者は働いています。ご多分に漏れず、筆者も同志社大学で司書課程を運営し、科目を担当することが第一の任務です。なのですが、最近の同志社大学では司書課程の受講者数がじりじりと減っている傾向があります。図書館への就職者数が大きく減っているわけではない（多いわけではないですが）ので、むしろ図書館に就職したい人にとっては追い風の状況でもあるのですが、いったいなぜ減っているんだろう、というかそもそも学生はなぜ司書課程を取ろうと思ったり、思わなかったりするんだろう、というのが本章のお話です。

そもそも筆者の所属先にかぎらず、いま、日本に司書資格取得者はどれくらいいるのか、そのなかで何人が本気で図書館員としての就職を目指していて、最終的に採用されたのは何人くらいなのか……という基礎的な統計情報が、この十数年については存在しません。かつてはそのものずばり『日本の図書館情報学教育』（日本図書館協会）という統計資料[1]が刊行されていて、資格取得者数の情報なども掲載されていたのですが、ここ十年以上、刊行がストップしています。また、各地の図書館の採用状況を取りまとめた統計などもどうにも見当たらず、輩出する大学のほうの情報も採用するほうの情報もまとまったものがなく、もっぱらデータ分析でものを書いている人間には手のつけようがない現状です。正直なところ、同志社大学の司書課程のパフォーマンスがいいほうなのか、そうでもないのかもよくわかりません。仮にも資格に関する部局に籍を置く身としてこの状況はよくない、とかねてから思っていて、いずれ大々的に調査し、司書課程のパフォーマンス指標を構築していきたい……というような野望を抱いています。さしあたり、今回はデータがなければないなりに、同志社大学の状況を手がかりに図書館情報学徒の就職状況を考察していきたいと思います。はたして司書資格取得者、そしてその就職戦線に異状はあるのでしょうか。

1　何が図書館員の就職戦線を規定するのか

ところで多くの人はご存じないかもしれませんが、「図書館員はなりたいと思ってなれるような職業ではない」「司書資格を取ってもなれるとはかぎらない」「（正規の）図書館員は狭き門である」という話は、いまどこの図書館司書課程でも、最初の説明会などで学生に伝えていることです。自分が入学した当時の筑波大学では、一年生向けの概論の授業で図書館員志望者に挙手させ、「君たちの未来は暗い！」と言い放つ教員もいたくらいでした。

なぜ図書館員になるのがそれほど大変なのかといえば、単純に志望者の多さに対して、採用数が少ないからです。前述のとおり、統計資料が刊行されなくなってしまった現在の正確な数字は不明ですが、『日本の図書館情報学教育』が出ていたころには、毎年、司書資格の取得者は全国で一万人に上るのに対して、正規職員としての図書館員の採用数はせいぜい百人くらいではといわれていました。単純に考えると倍率百倍です。それは狭き門としかいいようがありません。もちろん、実際には司書資格取得者が全員図書館員を目指すわけではありませんし、都市部と人口減少地域など、地域ごとの人気・倍率も全く異なります。とはいえ、本気で図書館員を目指す人が司書資格取得者数に多く含まれるのは間違いなく、資格取得者数から本気の志望者数をある程度は近似させて把握できる（十分の一なのか百分の一なのかはわかりませんが）と考えられます。地域ごとの倍率については、考えだすときりがないのでいったん保留します。

一方の採用数ですが、よく知られるように自治体のコスト削減・非正規化、また職員削減も進んでいる昨今、そもそも正規職員としての図書館員の数自体が減っています。日本図書館協会が発表する「日本の図書館統計」によれば、一九九八年に一万五千五百三十五人だった専任職員数は、二〇一八年には一万四十六人と約三分の二になりました(2)。よって図書館への就職はますます狭き門になっている……という状況が長く続いていましたが、ここ数年は、いわゆる「団塊の世代」の定年退職にさすがに採用なしでは対応できず、やめて久しい図書館専門職の採用を再開する図書館も結構出ています。「結構出ています」というように感覚的にしか語れないのがつらいところなのですが、そういう意味では、現在は一時期に比べると採用数の面では図書館の就職戦線は多少よくなっている可能性があります。

さらに、最近はそもそも労働市場全体が空前の人手不足の状況にあるため、図書館員の採用志望者数にも影響が出ている可能性があります。もちろん、どんなに売り手市場だろうと、「絶対に図書館員になるんだ！」という熱い決意をもっている人もいます。一方で、公務員のうちの一職種として公立図書館員・学校図書館員を目指す、という人がいるのも確かです。そして公務員志望者数は景気・採用状況に左右される（好況・好採用状況では民間企業志望が高まり、公務員志望が減る）といわれていて、空前の人手不足の現況では、図書館員志望者は減っていると予想されます。

2　就職内定率と司書資格取得者数の推移

実はこの予想を裏づけるデータがあります。同志社大学の図書館司書課程が六十周年を迎えた年に刊行された司書課程年報の記念号で、過去の司書資格取得者数の推移をまとめた、大変手間をかけて執筆された論考を掲載しています。(3)そのなかで司書資格を取れる範囲（学部）の拡大や、資格取得に必要な単位数の増加という制度的な変更のほかに、バブル期には資格取得者が減り、バブル崩壊後の大不況期には取得者が増えていて、景気動向が資格取得動向に影響を与える傾向があることが確認されています。

当該論考はこの動向に焦点を当てたものではないので、この点についてはあまり詳しくはみていません。(4)そこで試みに日本全体の新規求人倍率(5)・就職内定率のデータ(6)と、同志社大学の司書資格取得者数の推移をまとめました。図14―1が新規求人倍率・有効求人倍率と司書資格取得者数、図14―2が就職内定率と司書資格取得者数の推移を示したものです。

先の予想が正しければ、民間の採用状況がよくなれば（新規求人倍率や就職内定率が上がれば）、司書資格取得者数は減る……はずなのですが、これらの図をみるかぎり必ずしもそうとはいえず、新規求人倍率と司書資格取得者数は似たような形で推移していますし、就職内定率との関係はよくわかりません。実際に、両者の相関関係

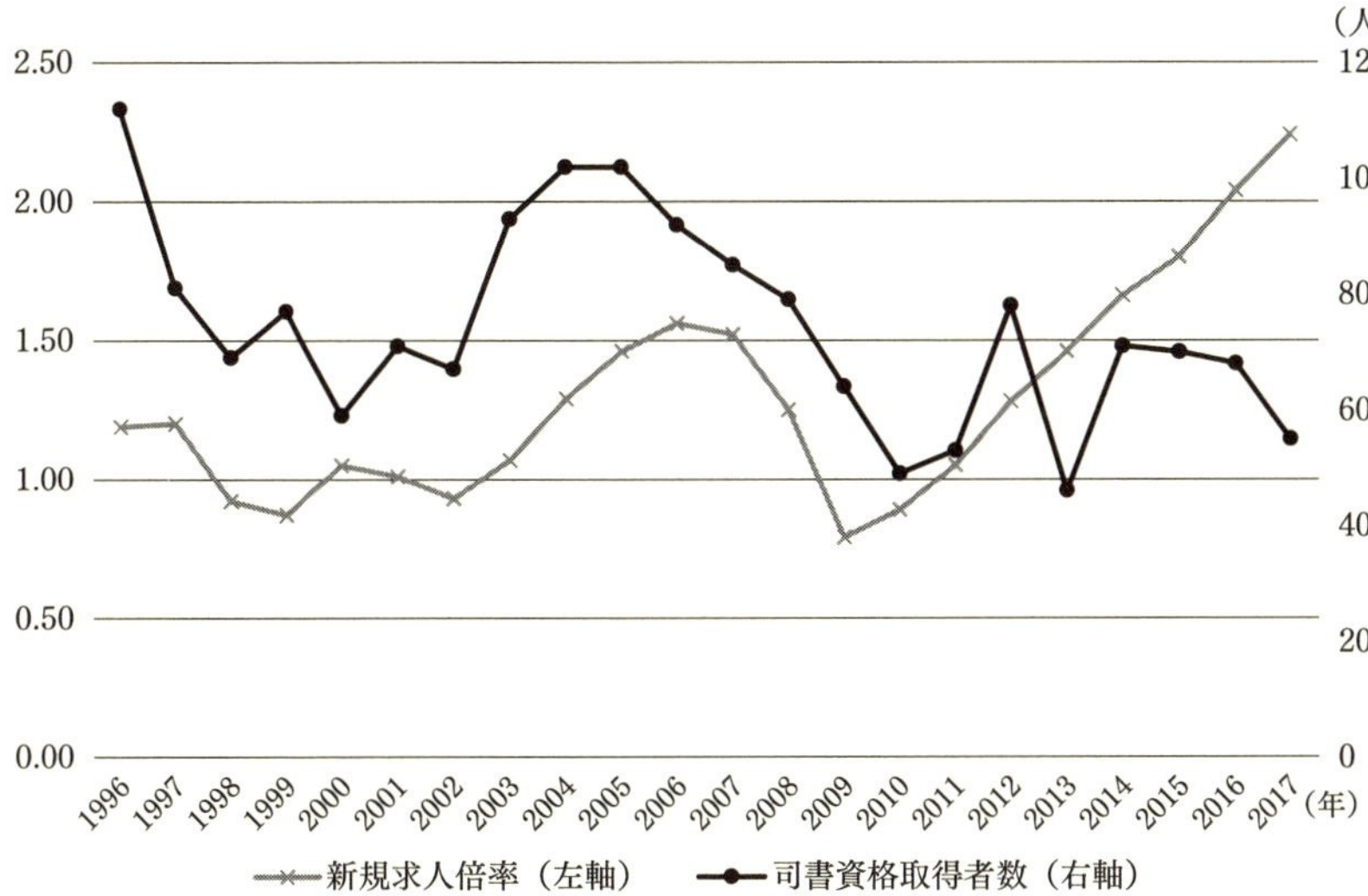

図14－1　新規求人倍率と司書資格取得者数の推移

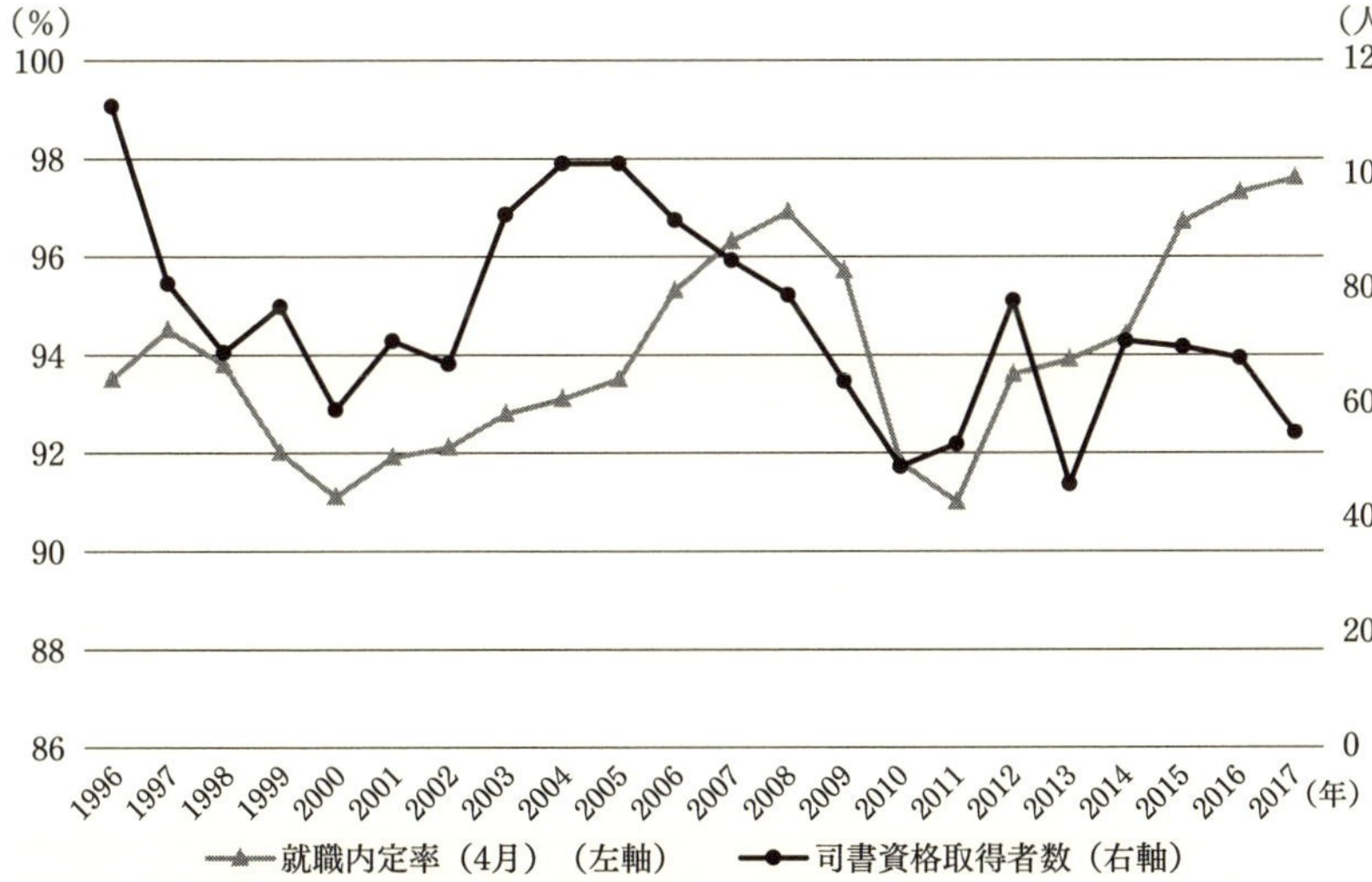

図14－2　就職内定率と司書資格取得者数の推移

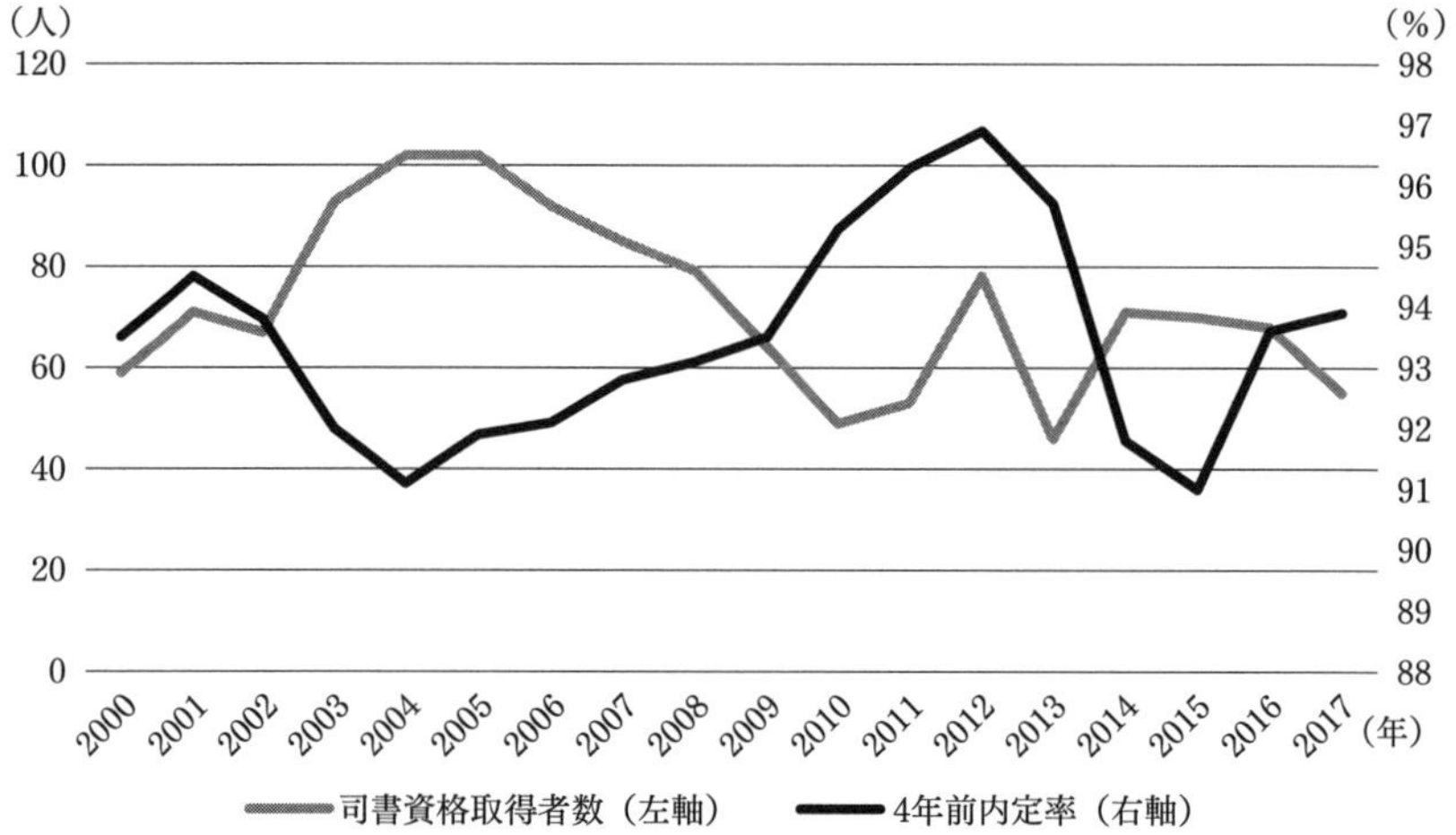

図14－3　4年前就職内定率と司書資格取得者数の推移

を統計的に分析してみると、新規求人倍率と司書資格取得者数の相関は$\rho=0.219$（$p=0.383$）、就職内定率と司書資格取得者数だと$\rho=0.142$（$p=0.575$）で、いずれも統計的に意味がある相関はない、という結果になりました。[7]

ただ、就職内定率のほうは、内定率が下がったあとに資格取得者数が増え、上がったあとに減りだす……という、ずれた動きをしているようにもみえます。学生が司書資格を取るかどうかを判断するのは科目を取り始める一年次なわけで、判断に影響するのは卒業時の内定状況ではなく、自分が資格を取ると決めた時期の、先輩たちの内定状況のほうだと考えられます。

そこである年の司書資格取得者数と、その四年前の就職内定率との関係をグラフに描き直したものが図14―3です。こうすると、ある程度反発しあう関係にある（一方が上がる時期に他方は下がる）ことがみえてきます。ときどき、司書資格取得者がイレギュラーな動きをみせる（減少基調にあったのにある年だけ反転して、翌年には再び減少するなど）年はありますが、景気以外にも資格取得者動向を左右する要因はありうるので、これはそうしたことの影響でしょう。そうしたイレギュラーな年を除けば、おおよその基調はやはり反発関係であり、統計分析からも、$\rho=-0.658$（$p=0.003$）という、強い負の相関（四年前就職内定率が高いほど、司書資格取得者数は少なくなるという関係）が観測されました。学生本人が就職するときではなく、資格を取り始める時期の採用状況が、資格取得の判断に大きく影響するわけです。学生って意外と早い段階から、社会の状況に応じて行動してるんですね……。

3　いまがチャンス！

世の中の就職状況（内定率）は四年遅れで司書資格取得者数に影響する、ということがわかりました。あくまで同志社大学だけのデータに基づくとはいえ、わりとありえる結論のような気がします。ということは、現況の空前の人手不足の影響は少し遅れて表れるはずで、数年後にはいまより、司書資格取得者数は減っているものと考えられます（本章の初稿が雑誌に掲載されてから数年がたった二〇二四年現在、もちろんコロナ禍の影響もあると考えられますが、同志社大学では予想どおり司書資格取得者数はさらに減少しています）。採用状況の推移は読みきれませんが、まだあと数年は団塊の世代の退職が影響するなら、向こう数年は比較的、採用はありながら競争相手が少ない、図書館に就職しやすい時期なのかもしれません。「景気なんて関係ない、自分は図書館で働きたいんだ！」という強い意欲がある人には幸いな状況といえそうで、採用数があり続けるうちに素早く正規職員としての就職を決めてほしいところです。かなりの不況下で資格取得者も結構いた二〇〇〇年代でさえ、図書館正規就職者は従来に比べて激減したので、根本的に採用数が少ないときにはどうしようもなくなります。「好きなものは好きと言える気持ち抱きしめて」就職したいなら、いまがチャンスです！(8)

注

（1）日本図書館協会図書館学教育部会編『日本の図書館情報学教育 2005』日本図書館協会、二〇〇八年

（2）「公共経年２０１８」「日本図書館協会」（http://www.jla.or.jp/Portals/0/data/iinkai/図書館調査事業委員会/toukei/公共経年2018.pdf）［二〇二四年五月二十四日アクセス］

（3）原田隆史「同志社大学図書館司書課程修了者の分析」、同志社大学図書館司書課程編「同志社大学図書館学年報」第三十八号、同志社大学図書館司書課程、二〇一二年

（4）ちなみに、論考のなかでは資格取得者の図書館への就職状況もまとめられています。一九八〇年代には資格取得者九百二人中七十二人（約八％）、九〇年代には七百九十四人中八十三人（約一〇％）が公立・大学図書館に正規職員として就職していたのに対して、二〇〇〇年代は八百十四人中わずか二十二人（約三％）と、人数も割合も一気に厳しくなっていることがうかがえます。一〇年代は〇〇年代よりは確実に就職者数は増えていて、やはり採用状況がややよくなっていることがうかがえます。

（5）よく聞く有効求人倍率よりも新規求人倍率のほうが、より直近の採用状況を示す傾向があると判断し、こちらを用いています。「e-Stat」（https://www.e-stat.go.jp/stat-search/files?page=1&layout=datalist&toukei=00450222&tstat=000001020327&cycle=1&tclass1=000001032430&stat_infid=000031867506）［二〇二四年五月二十八日アクセス］（本書執筆時点でＵＲＬが無効）。各年の値の平均を算出して使っています。

（6）「大学等卒業予定者の就職内定状況調査（大学・短期大学・高等専門学校及び専修学校卒業予定者の就職内定状況等調査）：結果の概要」「厚生労働省」（https://www.mhlw.go.jp/toukei/list/131-1b.html）［二〇二四年九月十三日アクセス］。四月時点の内定率を使っています。

（7）チャールズ・スピアマンの順位相関係数という、いわゆる正規分布（釣り鐘型の分布）になっていないデータにも使える相関関係の分析方法を適用しています。ρ（ギリシャ文字）という値は-1から+1の間の値を取り、-1に近いほど、一方が大きいと他方が小さくなり、+1（表記上は＋は省略します）に近いほど、一方が大きいと他方も大きくなるという関係があることを示します。一方、pという値（ρと似ていてややこしいですが、小文字のラテンアルファベットのpです）は有意確率で、０から１の間の値を取り、観測されたデータの偏りが偶然に発生する確率を示します。一般にpが0.05より小さいと、偶然ではない（統計的に意味があるデータの偏りが存在する）と判断します。

（8）「就職戦線」というトピックに引きずられて『就職戦線異状なし』（監督：金子修介、一九九一年）と主題歌「どんなときも。」（槇原敬之、一九九一年）のパロディーで通していますが、大半の読者には伝わっていないことも考えられますね。当然ながら自分も現役世代ではないので（バブル当時は三、四歳です）、バブル崩壊後にテレビ放映で見ました。

おわりに

「図書館を「学問」する」様子がどんなものなのか。気軽にふれてみていただければ幸いです。……と「はじめに」で述べて始まった本書ですが、いかがでしょう、図書館を学問するという雰囲気は伝わったでしょうか？本書はこれで終了ですが、雑誌「ライブラリー・リソース・ガイド（LRG）」の連載「かたつむりは電子図書館の夢をみるか LRG編」は本書を出版した二〇二四年現在も元気に続いています。本書をきっかけに、もし図書館そのものや、図書館を学問することに興味をもたれたら、引き続き連載にもふれてみたり、なんなら筆者に直接、声をかけたりしていただければ幸いです。直接図書館の役に立ちたいし、図書館について世の人々が疑問に思っていることがあるならば答えたい。それがわれわれ図書館学者の偽らざる本音なのです。

雑誌の連載開始から七年、さらにその前身であるブログの開始からは十七年以上もたちました。ブログ開始時に大学三年生だった筆者も、いまでは大学教員生活が十二年目になります。大学生から大学院生のころの筆者は「生意気が服を着て歩いている」と評される類いの血気盛んな若者でしたが、そんな筆者の手綱を絶妙に取りつつ、周囲から守りながら好き放題させていただいた、学部から大学院時代の指導教員である逸村裕先生（筑波大学名誉教授）のおかげで現在の自分があります（筆者以外にも生意気な若者が懐いていたので、一部では「猛獣使い」「サーカス」と呼ばれていたとか……）。また、連載の場を設けてくれた「LRG」誌の発行人・岡本真さんに出会ったのもブログを始めたばかりのころ、大学四年生の六月でした。岡本さんが登壇したイベントのパネルディスカッションでフロアから質問したのをきっかけに（ほら生意気だ〔苦笑〕）、お昼をご一緒した……と、当時の筆者のブログにつまびらかに書かれていました。当時の岡本さんはヤフーに勤務しながら、メールマガジン

「ACADEMIC RESOURCE GUIDE（ＡＲＧ）」を発行していましたが、のちに独立してアカデミック・リソース・ガイド（arg）を設立し、より深く図書館界隈に関わるようになってもずっと、大変よくしていただいてきました。連載の書籍化のきっかけも、岡本さんに筆者が「こんなに連載を続けているのに書籍化の声がかからない」とぼやいたことでした。実は、お会いしたころの岡本さんの年齢をとっくにいまの筆者が超えているということに、この「おわりに」を書いていていまさら気がつきました（なんならarg社設立時の年齢も超えています）。筆者は岡本さんほど、若い世代や図書館界に貢献できているかというと大いに疑問……いや、疑問の余地なくできていない気がするので、精進していきたいと思います。

岡本さんにぼやいてすぐにご紹介いただいたのが、本書を担当している青弓社の矢野未知生さんでした。矢野さんには取っ散らかっていた筆者の連載テキストをきれいにまとめ、編集にご尽力いただきました。カバーイラストをお願いしたasuminさんには、お伝えしたイメージを想像以上にすてきに形にしていただきました。また、所属大学の同僚であり、筆者を現在の職場に引き入れてくださった原田隆史先生、同じく図書館情報学の研究者であり筆者の配偶者でもある佐藤聡子先生には、本書の編集コンセプトに悩んでいたときに、的確な助言をいただきました。信頼するお二人から別々に、しかしほぼ同じ趣旨のコメントをいただいたことで、本書がターゲットにすべき層を定めることができました。そのほかにも本書はデータの提供、調査へのご協力、連載原稿の校閲・校正へのご尽力など、さまざまな方のご協力・ご尽力のおかげで成り立っています。この場を借りて、みなさまに心から感謝を申し上げます。

ところで、本書のもとになっている雑誌連載では、毎回、著者プロフィル欄の最後の数行を更新し、最近の家庭の動向についての小ネタを仕込んでいます。連載開始時点ではまだ生まれていなかった長子が今年二〇二四年に小学校に入学し、同じく連載中に誕生した第二子ももう三歳になりました。ブログをまじめに更新していたころは毎日、日が暮れたら大学に出かけ、日が昇るまで研究しているんだか「ニコニコ動画」を見るのが主なんだかわからない時間を過ごして帰る、という昼夜逆転の日々でした。首尾よく研究者になれれば、さすがに昼間も働かないといけなくなるだろうとは思っていましたが、夜遅くまで研究室で過ごす不規則な生活、ずっと学園祭前夜みたいな日々は続くものだと思っていました。しかし実際には、いまや子どもの通学に合わせ、朝は六時三十分に起床。上の子の登校を見届けてから下の子を保育園に送り、多少の家事をこなしてから出勤。十七時半には保育園／学童保育のお迎えにいき、二十二時には子どもたちの寝かしつけに取りかかるも、なかなか寝ない下の子が寝るころには二十三時を回り、そこから洗濯物を干し、食洗器を回し、〇時半には寝たいなあ……と思いながら、三十分ほどの自由時間でビールを飲む日々です。学生や院生の当時に思っていたのと、現在の自分の図書館学者生活はだいぶ違いますが、まあでも、人々の生活のなかにある図書館を研究するにあたって、生活者の視点をもてることもまた得がたいし、何より子どもはとてつもなくかわいいし。これからも元気に育ち、小ネタを提供しつづけてほしいものです。

［著者略歴］
佐藤 翔（さとう しょう）
1985年、宮城県生まれ
筑波大学大学院図書館情報メディア研究科博士後期課程修了。博士（図書館情報学）
同志社大学免許資格課程センター教授
専攻は図書館情報学
共著に『オープンサイエンスにまつわる論点——変革する学術コミュニケーション』（樹村房）、『改訂3版 情報倫理——ネット時代のソーシャル・リテラシー』（技術評論社）、『司書名鑑——図書館をアップデートする人々』（青弓社）、連載に「かたつむりは電子図書館の夢を見るか LRG編」（「ライブラリー・リソース・ガイド」）など

図書館《としょかん》を学問《がくもん》する　なぜ図書館の本棚はいっぱいにならないのか

発行————2024年12月25日　第1刷
2025年 5 月15日　第3刷

定価————2400円＋税

著者————佐藤 翔

発行者———矢野未知生

発行所———株式会社青弓社
〒162-0801 東京都新宿区山吹町337
電話 03-3268-0381（代）
https://www.seikyusha.co.jp

印刷所———三松堂

製本所———三松堂

ISBN978-4-7872-0088-4　C0000